国家社会科学基金项目"国家玉米收储政策改革效应及其优化研究"(项目编号：18BJY150)、粮食主产区农村经济研究中心文库资助出版

国家社科基金丛书
GUOJIA SHEKE JIJIN CONGSHU

国家玉米收储政策改革效应及其优化研究

Study on the Effect and Optimization of
China's Maize Storage Policy Reform

顾莉丽　著

人民出版社

前　言

　　玉米是我国的主要饲料原料和工业加工所需重要原料，目前已发展成为我国播种面积和产量最大的粮食作物，其具有需求弹性大、产业链条长、国内外市场关联程度高等特点，在我国粮食产业中占有重要地位。2008年国际粮食价格在全球金融危机的影响下出现大幅度异常波动，而国际粮价波动对我国玉米价格的冲击最为显著。为防止谷贱伤农和解决东北玉米主产区农民卖粮难问题，国家出台了玉米临时收储政策。自政策实施以来，在促进粮食增产、保护农民利益、维护市场平稳等方面取得了重要成效。但同时也带来了多重负面效应，比如种植业结构失衡加剧、下游产业成本急剧提升、国产玉米大量库存积压、玉米逐渐丧失国际竞争力、破坏生态资源环境等。玉米临时收储政策必然走向终结，取而代之的是"市场化收购"加"补贴"的新机制。玉米收储政策改革后，整个市场发生了多角度的变化。玉米收储政策改革后的效应如何？玉米主产区的玉米产业在市场的起伏震荡中如何调整？如何实现政策的平稳过渡和转型？回答上述问题对于完善我国现行的玉米宏观调控政策，构建保障有力的粮食有效供给体系，处理好市场化改革与保护农民利益的关系，推进"藏粮于地、藏粮于技"战略的实施具有十分重要的现实意义。

　　围绕上述问题，首先，本书在对玉米产品特性进行系统分析的基础上，分析了东北地区玉米产业发展状况，以国内外玉米市场供求关系变化为背景，通过对以产业链方式存在的玉米产业 40 多年发展历程的研究，揭示了东北地区玉米产业动态变化规律；其次，在历史地分析玉米临时收储政策出台背景、政策目标初衷及其释放的正负效应的基础上，分析了玉米"价补分离"政策的目标指向及其框架、机制的合理性；最后，分别从产业链视角和空间视角，对玉米收储政策改革的生产、收入、补贴、收储、加工、区域传导、替代和溢出效应进行了分析。

通过上述分析，本书提出了现行政策需要进一步完善的要点和方向。本书的主要结论如下。

（1）玉米收储政策改革完善了玉米价格形成机制，降低了社会福利损失。玉米收储政策改革使得市场在资源配置中的作用逐渐凸显，形成了由市场供求决定玉米价格的新机制，充分尊重市场规律，使价格真实反映市场供求关系，避免政府过度干预市场价格带来的负面效应。通过比较玉米"价补分离"政策和临时收储政策的福利效应发现：基于生产者主体来看，无论是玉米临时收储政策还是"价补分离"政策，均提高了生产者的福利水平。基于消费者主体来看，由于临时收储价格高于市场均衡价格，需求量下降，因此消费者福利受损。实施"价补分离"政策后，由于供给增加，市场价格下降，消费者福利水平大幅度提高。基于政府主体来看，两个政策最主要的福利损失均来自政府的财政支出。综上，"价补分离"政策与临时收储政策虽然都造成了社会总福利受损，但是"价"和"补"的分离提高了资源配置的效率，减少了对市场的扭曲，使得"价补分离"政策造成的社会福利损失远远小于临时收储政策。

（2）玉米收储政策改革的种植结构优化效应已见成效。玉米临时收储政策虽然有效保障了农民玉米种植的收益，最大限度地调动了农民种植玉米的积极性，促使玉米增产增收显著。但是，高位运行的"托市价格"引发了种植业结构失衡加剧等一系列亟待解决的外溢性消极效应。玉米"价补分离"政策的核心目标之一是优化种植结构，在保证玉米优势产区产能的同时调减非优势产区的玉米种植面积。基于宏观数据的分析结果可见：2016年玉米"价补分离"政策实施后使得2017年政策实施区的玉米播种面积较2016年减少了1452.89万亩，下降了5.57%。由于2017年玉米市场价格回暖，使得2018年政策实施区的玉米播种面积增加了852.91万亩。2019年政策实施区的玉米播种面积再次减少，较2018年下降2.70%。在政策实施区内各省（区）中，黑龙江省玉米播种面积下降得最多，对政策的响应强度最大。基于黑龙江、吉林、辽宁、内蒙古、河南、河北、山东、山西8个省（区）960户农户微观调研数据的研究结果可见：玉米"价补分离"政策对农户的土地投入行为影响最大，玉米种植面积得到了调减并呈现出玉米非优势产区大于玉米优势产区的特点。综上，玉米收储政策改革实现了优化种植结构的政策目标。相较于玉米优势产区，非优势产区对政策的响应程度更为敏感，达到了既保证优势产区产能又调减非优势产区种植结构的政策效果。

（3）玉米收储政策改革使政策实施区农户的玉米种植收益下降幅度得到了延缓。总体上看，玉米收储政策改革减少了农民收入。就黑龙江省而言，2016年国家取消玉米临时收储政策，导致玉米的市场价格持续下跌，全省农民收入共计减少360亿元。即便扣除玉米生产者补贴仍然减收200亿元左右，农民人均收入下降1000元以上。2016年和2017年，黑龙江省农民人均可支配收入年增速仅有6.64%和7.04%，分别位于全国第31位和第28位。就国家重要的玉米生产基地吉林省而言，2016年玉米种植收益比2014年和2015年分别下降63.63%和38.07%。从农民人均可支配收入看，2016—2019年吉林省农民的人均可支配收入年增速仅为7.03%、6.83%、6.16%和8.64%，其排名分别居于全国第28位、第30位、第30位和第28位。从农民收入绝对值来分析，吉林省农民收入在全国的排名由2014年的第11位降至2019年的第20位，由高于全国平均水平转为低于全国平均水平。通过利用农户跟踪调查的面板数据，对玉米收储政策改革下农户玉米收入和家庭收入的变化进行实证分析。研究结果表明：就农户玉米收入而言，玉米"价补分离"政策的实施使得政策实施区农户人均玉米收入水平下降，但在玉米生产者补贴的作用下，政策实施区农户人均玉米收入的下降幅度得到了延缓。就农户家庭收入而言，虽然玉米"价补分离"政策实施后政策实施区农户的人均家庭收入始终呈现上升趋势，但该项政策的实施阻碍了政策实施区农户人均家庭收入的增长。综上，玉米收储政策改革虽然导致政策实施区农户收入下降的"阵痛"不可避免，但是玉米生产者补贴制度的建立，有效防止了农户收益的严重受损，保障了农户的基本收益。

（4）玉米生产者补贴政策的实施保护了农户种粮的基本收益，但政策设计仍较为粗放。在实际实施中，现有的补贴方式仍然是原有粮食"直补"方式的复制，未能兼顾同一区域内农户因集约水平不同所导致的单产差异，政策操作细节不规范直接影响政策实施效果。从农户对玉米生产者补贴政策认知度与满意度的关系来看，玉米种植户对玉米生产者补贴政策补贴标准的认知程度越高，其对政策的满意度越高；玉米生产者补贴越能够满足农户的基本收益，农户对政策的满意度越高；倾向于调整种植结构的农户几乎与政策的满意度无关，愿意调整种植结构的农户大多位于玉米非优势产区，选择玉米替代作物种植可以获得更高的收益，与其对政策本身的满意度无关。

（5）玉米收储政策改革激活了市场，促进了多元收购市场格局的形成。玉米临时收储政策执行期间，国有粮食收储企业一家独大，执行为农民粮食"包销"的功能。玉米"价补分离"政策实施后，国有粮食收储企业的经营机制发生了改变，弱化了其对粮食收购的"独大"；玉米原料成本的显著下降，激活了玉米加工企业的收购积极性；入市收购玉米的合作社数量呈上升趋势，部分合作社开启玉米代收代储模式；粮食经纪人的占比呈现下降趋势，但仍然占据较高的市场份额。目前，玉米收储包括以下五种模式：①玉米生产者—粮食经纪人—民营粮食收储企业—国有粮食收储企业、玉米深加工企业、饲料企业、养殖企业；②玉米生产者—粮食经纪人—国有粮食收储企业、玉米深加工企业、饲料企业、养殖企业；③玉米生产者—民营粮食收储企业—国有粮食收储企业、玉米深加工企业、饲料企业、养殖企业；④玉米生产者—收储合作社—国有粮食收储企业、玉米深加工企业、饲料企业、养殖企业；⑤玉米生产者—国有粮食收储企业、玉米深加工企业、饲料企业、养殖企业。可见，玉米"价补分离"政策的实施激励了市场主体，中储粮、玉米加工企业、玉米专业合作社、粮食经纪人等主体纷纷进入市场，由购销主体单一化转变为购销主体多元化，实现了从玉米收购"独角戏"到"大合唱"的转变。

（6）玉米收储政策改革带动了加工，扩大了玉米下游产业的利润空间。就玉米深加工而言，玉米"价补分离"政策实施以来，降低了玉米原料成本，玉米淀粉和玉米酒精的加工利润都转为正值，特别是玉米酒精的加工利润表现得更为明显。与此同时，玉米淀粉和玉米酒精的出口急剧攀升，显著提升了玉米产业发展的活力。就玉米饲用加工而言，在玉米价格下跌的情况下，养殖成本显著下降，饲料需求日渐增长，饲料市场和养殖业市场开始复苏。玉米"价补分离"政策期间，玉米价格对生猪价格的近期效应和累积效应均较弱。无论是处于玉米临时收储政策期间，还是玉米"价补分离"政策期间，生猪价格对猪肉价格的近期效应和累积效应均较强，但是玉米"价补分离"政策期间的近期效应和累积效应均小于玉米临时收储政策期间的近期效应和累积效应，说明玉米"价补分离"政策对生猪—猪肉价格传导效应具有正向作用。玉米"价补分离"时期玉米价格对生猪价格的贡献大于玉米临时收储政策时期，玉米价格对猪肉价格的贡献和生猪价格对猪肉价格的贡献均小于玉米临时收储政策时期。从整体来看，玉米价格对生猪价格和猪肉价格的贡献比较小，说明生猪价格受生猪市场自身影响比较大，而猪肉价格的波动主要来自生猪价格的贡献。

（7）玉米收储政策改革影响了玉米价格在不同国别、不同地区、不同品种市场间的横向传导和空间联动性。就区域传导而言，玉米收储政策改革后，玉米产销区之间的价格信息流通更为快捷和准确，区域间市场对玉米价格变动的反应速度得到提高，市场效率得以改善。就不同品种替代而言，玉米收储政策改革后，小麦、大麦、高粱、DDGS（干酒糟高蛋白饲料）等的进口量呈现明显下降趋势。玉米对小麦、大麦、高粱饲用消费的替代弹性及玉米对 DDGS 进口量的替代弹性明显下降。就溢出效应而言，玉米"价补分离"政策实施后，我国玉米现货市场和期货市场的信息传递更加顺畅，对市场信息的敏感度显著增强。相较于玉米收储政策改革前，国内外玉米现货市场和期货市场的联动性有所增强，国内玉米市场对国际玉米市场的影响有加大趋势。

针对上述分析与结论，本书提出如下建议：首先，坚持玉米市场化改革方向，完善补贴方案；其次，完善多元收购市场结构，提升玉米收储现代化水平；再次，创新玉米市场化收购资金筹集方式，健全收入支持方式；最后，深化相关配套政策措施，实现玉米产业高质量发展。

本书以厘清玉米临时收储政策与玉米"价补分离"政策替代内在机理和政策传导机制为基础，依托玉米产业链视角和空间视角，对玉米收储政策改革的生产、收入、补贴、收储、加工、区域传导、替代和溢出效应进行了系统评价，进而提出政策的优化目标、原则和措施。玉米收储政策改革以来，我国玉米市场供求关系发生了新的变化。从玉米消费来看，畜牧业和加工业发展带动玉米年需求以 2% 的速度增长，2025 年需求量将达到 3.2 亿吨，2030 年将达到 3.6 亿吨。从玉米供给来看，按照 1.5%—1.6% 年均增速和种植面积 6 亿亩的水平，预计 2025 年玉米产量 2.98 亿吨，2030 年 3.3 亿吨。从玉米进口来看，2020 年玉米进口量为 1129 万吨，占玉米总产量的 4.55%。据此可推算出玉米年缺口将达到 2000 万—3000 万吨，有效供给压力增大。因此，面对新变化、新挑战，如何动态调整玉米收储政策，实现玉米产量稳定、玉米种植户利益保障和玉米产业高质量发展多维平衡，有效应对国内外形势变化和突发情况，把饭碗牢牢端在自己手上，保证国家粮食安全，是后续研究中需要进一步关注和探究的重要问题。

本书是在国家社会科学基金项目"国家玉米收储政策改革效应及其优化研究"（编号：18BJY150）的基础上整理而成的。本书在撰写过程中，参考了许多专家学者的研究成果，其中部分被引用的资料已在正文和参考文献中作了注释，但也有部分资料之观点和思想曾给予作者启迪却没有被列出，谨此致谢。

由于著者水平有限，错误和不妥之处在所难免，敬请读者批评指正。

著　者

2023 年 7 月

目　录

第一章　绪　论 ……………………………………………………… 001

第二章　概念界定与理论基础 …………………………………… 015
　　第一节　概念界定 …………………………………………… 015
　　第二节　理论基础 …………………………………………… 018

第三章　东北地区玉米产业发展状况分析 ……………………… 024
　　第一节　东北地区玉米生产情况 …………………………… 025
　　第二节　东北地区玉米流通情况 …………………………… 037
　　第三节　东北地区玉米转化情况 …………………………… 039

第四章　玉米临时收储政策的终结与"价补分离"
　　　　政策的替代 …………………………………………… 049
　　第一节　玉米临时收储政策 ………………………………… 049
　　第二节　玉米"价补分离"政策 …………………………… 066

第五章　玉米收储政策改革的产业链效应 ⋯⋯⋯⋯⋯⋯⋯⋯⋯ 081

第一节　玉米收储政策改革的生产效应分析 ⋯⋯⋯⋯⋯⋯ 081

第二节　玉米收储政策改革的收入效应分析 ⋯⋯⋯⋯⋯⋯ 101

第三节　玉米收储政策改革的补贴效应分析 ⋯⋯⋯⋯⋯⋯ 114

第四节　玉米收储政策改革的收储效应分析 ⋯⋯⋯⋯⋯⋯ 122

第五节　玉米收储政策改革的加工效应分析 ⋯⋯⋯⋯⋯⋯ 128

第六章　玉米收储政策改革的空间效应 ⋯⋯⋯⋯⋯⋯⋯⋯⋯⋯ 153

第一节　玉米收储政策改革的区域传导效应分析 ⋯⋯⋯⋯ 153

第二节　玉米收储政策改革的替代效应分析 ⋯⋯⋯⋯⋯⋯ 166

第三节　玉米收储政策改革的溢出效应分析 ⋯⋯⋯⋯⋯⋯ 171

第七章　玉米收储政策的完善与优化 ⋯⋯⋯⋯⋯⋯⋯⋯⋯⋯⋯ 188

第一节　优化目标 ⋯⋯⋯⋯⋯⋯⋯⋯⋯⋯⋯⋯⋯⋯⋯⋯⋯ 188

第二节　优化原则 ⋯⋯⋯⋯⋯⋯⋯⋯⋯⋯⋯⋯⋯⋯⋯⋯⋯ 190

第三节　优化措施 ⋯⋯⋯⋯⋯⋯⋯⋯⋯⋯⋯⋯⋯⋯⋯⋯⋯ 191

附录　国外玉米收储政策概览 ⋯⋯⋯⋯⋯⋯⋯⋯⋯⋯⋯⋯⋯⋯ 199

参考文献 ⋯⋯⋯⋯⋯⋯⋯⋯⋯⋯⋯⋯⋯⋯⋯⋯⋯⋯⋯⋯⋯⋯ 214

第一章 绪 论

一、研究背景与研究意义

（一）研究背景

玉米是我国的主要饲料原料和工业加工所需重要原料，目前已发展成为我国播种面积和产量最大的粮食作物，具有需求弹性大、产业链条长、国内外市场关联程度高等特点，在我国粮食产业中占有重要地位。2008年国际粮食价格在全球金融危机的影响下出现大幅度异常波动，而国际粮价的波动对我国玉米价格存在明显冲击。为防止谷贱伤农和解决东北玉米主产区农民卖粮难问题，国家出台了玉米临时收储政策。政策实施以来，起到了促进粮食增产、保护农民利益、维护市场平稳的重要功效。2015年我国粮食产量比2008年增长17.50%，其中东北地区的贡献率为40.37%，玉米占东北地区粮食增产份额的93.47%，东北地区玉米产量占全国玉米产量的比重已达到44.50%。

随着国内玉米种植成本的急速上升，政策性收购价逐步攀升，玉米价格越来越偏离市场规律，使得国内玉米不仅出现了产量、库存量及进口量同时增加的现象，还出现了国内与国际市场、主产区与主销区、玉米原料与加工品价格倒挂等问题，调整和完善玉米收储政策已成为社会共识。2015年国家首次下调玉米收储价格打破了以往对价格只涨不跌的市场预期，意味着玉米收储政策调整的正式开启。2016 年国家在中央"一号文件"中提出"价补分离"的政策设计，2016 年 3 月，国家发改委又发布了"市场化收购"加"补贴"的进一步说明。玉米收储政策改革会影响相关利益主体的经济行为，与农民利益，农业种植结构，玉米储存、加工和销售，执行区区域经济，国家粮食安全等诸多方面息息相关。2016 年玉米上市，整个市场发生了多角度的变化。玉米收储政策改革后的效应如何？玉米主产区的玉米产业在市场的起伏震荡中如何调整？如何实现政策的平稳过渡和转型？以上是急需研究和解释的问题。因此，十分有必要对国家玉米收储政策改革的波及效应进行深入分析，揭示政策调整的内在机理和传导机制，厘清政策底层逻辑与当前困局，探索完善符合我国国情的玉米市场化改革方案，为保护种粮农民收益、促进玉米产业持续健康发展提供理论依据和实证支持。从学术价值、理论意义上看，这是基于玉米全产业链视角和空间视角对玉米价格传导机制的理论探索。从应用价值、实践意义上看，本书的研究成果对完善我国现行的玉米宏观调控政策，构建保障有力的粮食有效供给体系，处理好市场化改革与保护农民利益的关系，推进"藏粮于地、藏粮于技"战略的实施具有十分重要的现实意义。

鉴于此，本书基于保障玉米优质产能，转变玉米产业发展方式，实现玉米"供给侧"与"需求侧"结构相适应，从产业链视角和空间视角，重点研究玉米收储政策改革的生产、收入、补贴、收储、加工、区域传导、替代、溢出效应，探索玉米市场化改革的有效路径，构建玉米"种植、收购、存储、加工"合理衔接的运行机制，为国家完善玉米收储政策提供科学依据。

（二）研究意义

1. 理论意义

第一，在农业供给侧结构性改革背景下，玉米收储面临着新形势、新动态。本书试图在厘清不同政策替代内在机理和政策调整传导机制的基础上，进一步丰富玉米收储政策改革的理论探索，为整个粮食收储政策改革提供一个逻辑一致且具有一般性的理论分析框架。

第二，目前玉米收储政策改革涉及主体众多，各经济主体对政策改革的响应表现为复杂性、交互性。本书构建产业链传导维和空间传导维，将玉米收储政策改革效应的研究建立在一个完整的系统之内，为分析政策改革效应的相关研究提供理论参考和方法借鉴。

2. 实践意义

第一，始于 2008 年的玉米临时收储政策的现实效果喜忧参半，2016 年中央"一号文件"提出以"价补分离"为基本方向对玉米收储政策进行调整，2016 年 3 月，国家取消了玉米临时收储政策，实施"市场化收购"加"补贴"的新机制，开启了玉米市场化改革进程。本书基于产业链视角和空间视角，探索玉米市场化改革的有效路径，为现行政策的完善和整个粮食收储政策的改革提供经验和可借鉴方案。

第二，玉米收储政策改革与农民利益，农业种植结构，玉米储存、加工和销售，执行区区域经济，国家粮食安全等诸多方面息息相关。本书基于产业链视角，构建农户、政府、第三方主体（玉米产业链上的各类企业）三维坐标，分析玉米收储政策改革的生产、收入、补贴、收储、加工效应；基于空间视角，构建玉米主产区与主销区、玉米与替代品、国内与国际玉米市场三维坐标，分析玉米收储政策改革的区域传导、替代、溢出效应。在对玉米收储政策改革效应进行系统研究和总结的基础上，为提高玉米收储政策的目标瞄准性提供决策依据，为粮食收储政策的市场化改革提供启发和示范。

二、国内外研究动态及评述

（一）国外研究动态

粮食是关系国计民生的特殊商品，关于粮食市场调控的研究由来已久。

从 15 世纪的重商主义，到 18 世纪下半叶的重农学派，再到凯恩斯经济学的市场失灵与政府干预等都对政府调控粮食市场进行了分析和诠释。在粮食调控政策方面，国外学者主要围绕粮食价格支持政策、粮食储备政策、粮食补贴政策等方面展开。价格支持政策作为重要的农业扶持政策，曾是发达国家 20 世纪 90 年代以前最常用的手段。较多研究发现，价格支持政策在稳定农产品市场、减少价格波动方面有促进作用，但对市场也存在明显的干预和扭曲作用。近年来，美欧日韩等主要发达国家和地区积极推动从价格支持向直接补贴转型的农业政策，尽可能少地使用具有严重扭曲市场作用的政策措施。国外文献关于粮食储备政策的研究主要集中于对政策效率和对社会福利的影响等方面。大部分研究结果表明，粮食储备政策效率低下，调节性库存储备造成了福利从生产者向消费者的大量转移。理论界关于粮食补贴的研究在乌拉圭回合谈判前后有所不同。乌拉圭回合谈判前，学者们的研究重点在于国际贸易政策中的出口补贴和高关税等问题。乌拉圭回合谈判后，学术界的研究重点随着全球经济一体化进程加快逐渐转向了粮食补贴的作用机制与政策效果等方面，关于粮食补贴政策对粮食生产和粮食收入效应的测度愈加受到重视。

（二）国内研究动态

在我国计划经济时期，实行粮食统购统销制度，这一时期关于粮食价格的研究是为政府定价提供科学依据。随着粮食流通体制改革的不断深入，粮食市场调控问题逐渐成为理论界和决策部门关注的焦点。2004 年以来，我国逐渐形成了以最低收购价、临时收储价、目标价格补贴、价补分离为主的粮食价格支持体系，研究焦点集中在探讨不同粮食价格支持政策的实施措施和效果等方面。在粮食最低收购价政策研究方面，相关学者主要围绕政策执行效果，以及政策对粮食市场、农民收入、社会福利等的影响展开论述，在分析政策实施过程中面临的问题的基础上，提出完善建议。在玉米收储政策研究方面，徐志刚等[①]分析了临时收储政策的实施效果，在肯定政策积极效果的同时，提出政策的负面影响。亢霞等[②]从进一步理顺国内外玉米价格与供求关系、理顺玉米与其他粮食品种的关系等方面提出"去库存"背景下的玉米价格政策改革建议。程国强[③]提出要形成以市场定价为基础的粮食价格形成机制，以直接补贴为主体的农民利益保护机制。按"分类处置、分期消化"的思路，通过降低价格出售临时收储库存的粮食。杨桂红等[④]基于市场化收购与价格补贴政策，对未来我国玉米价格可能的变化进行了预测分析。

　　樊琦等[⑤]分析了玉米收储价格调整的市场风险，并提出了改革的思路和方向。丁声俊[⑥]探讨实施玉米收储制度改革的政策要义，提出稳健推进玉米收储制度改革的建议。张晓山等[⑦]指出在粮食收储制度改革进程中应如何深化国有粮食企业改革。顾莉丽等[⑧]分析了玉米收储制度改革的生产、收入、收储和加工效应。刘慧等[⑨]探讨了玉米收储制度改革的进展与成效。张俊峰等[⑩]

　　① 徐志刚、习银生、张世煌：《2008/2009 年度国家玉米临时收储政策实施状况分析》，《农业经济问题》2010 年第 3 期，第 16—23、110 页。

　　② 亢霞、刘丹妮、张庆、董佳萍：《"去库存"背景下的玉米价格政策改革建议》，《价格理论与实践》2016 年第 1 期，第 84—86 页。

　　③ 程国强：《我国粮价政策改革的逻辑与思路》，《农业经济问题》2016 年第 2 期，第 4—9 页。

　　④ 杨桂红、曹先磊、张颖：《市场化收购、价格补贴与我国玉米市场调控效率》，《价格理论与实践》2016 年第 6 期，第 54—57 页。

　　⑤ 樊琦、祁迪、李霜：《玉米临时收储制度的改革与转型研究》，《农业经济问题》2016 年第 8 期，第 74—81、111 页。

　　⑥ 丁声俊：《玉米供求的阶段性转变与收储制度改革》，《价格理论与实践》2016 年第 8 期，第 25—28 页。

　　⑦ 张晓山、刘长全：《粮食收储制度改革与去库存》，《农村经济》2017 年第 7 期，第 1—6 页。

　　⑧ 顾莉丽、郭庆海、高璐：《我国玉米收储制度改革的效应及优化研究——对吉林省的个案调查》，《经济纵横》2018 年第 4 期，第 106—112 页。

　　⑨ 刘慧、秦富、赵一夫、周向阳：《玉米收储制度改革进展、成效与推进建议》，《经济纵横》2018 年第 4 期，第 99—105 页。

　　⑩ 张俊峰、于冷：《玉米临储的"政策成本"》，《农业经济问题》2019 年第 11 期，第 45—59 页。

剖析了玉米临时收储的"政策成本"。阮荣平等[①] 研究了玉米收储制度改革对家庭农场经营决策的影响。付宇等[②] 探讨了玉米收储制度改革对农户农业生产投资的影响。一些学者针对玉米"价补分离"政策实施过程中出现的问题，提出了解决对策。学者们一致认为粮食托市收购政策在保障粮食生产的同时也带来了粮食市场的价格扭曲及政府财政的过重负担，从不同角度探究了玉米收储政策改革产生的影响并提出针对性建议。诸多学者对未来我国粮食价格改革基本方向展开讨论并提出方案。总体而言，一种是实施目标价格补贴或实行粮食安全目标储备制度条件下的高价收购制度；另一种是采取"降低支持价格水平+种粮收益补贴或目标价格保险"等组合改革方式。

（三）研究评述

国外关于粮食收储政策的研究成果颇多，大部分研究主张逐步削减保护性收购、国家储备支持等政策，认为国际市场粮价被扭曲、政府财政负担沉重，福利损失巨大均由上述政策导致，并主张使用直接收入支付方式调控播种面积。该观点对我国粮食收储政策体系和机制的构建具有借鉴意义。依据国内研究现状及动态可知，关于粮食收储政策的研究多集中于最低收购价格、临时收储价格、目标价格补贴、价补分离的实施措施及效果，众多学者依托理论归纳结合实证演绎，得出的结论和建议对本书存在重要参考价值。然而，现有研究成果尚待改进，主要为以下两点：一是现有研究较少深入分析玉米收储政策改革的内在机理，少有文献对玉米收储政策改革的波及效应及其背后的逻辑关系进行深入研究，欠缺对未来政策完善

---

① 阮荣平、刘爽、刘力、郑风田：《玉米收储制度改革对家庭农场经营决策的影响——基于全国 1942 家家庭农场两期跟踪调查数据》，《中国农村观察》2020 年第 4 期，第 109—128 页。

② 付宇、骆永民、潘旭文：《玉米收储制度改革对农户农业生产投资的影响》，《农村经济》2021 年第 11 期，第 78—85 页。

的具体路径及政策优化方案的深入探索。二是已有研究多是从定性的角度分析玉米收储政策改革及其产生的影响，较少从效应强度入手量化玉米收储政策改革的产业链效应和空间效应。

欲完善现行玉米收储政策，有必要从其改革的内在机理入手，对玉米收储政策改革的生产、收入、补贴、收储、加工、区域传导、替代、溢出效应等进行全面系统的分析，探讨玉米收储政策改革完善路径及下一步改革方向，有利于科学地洞察和理解不同政策替代的内在机理、丰富和完善政策改革波及效应的实证研究，为提高玉米收储政策的目标瞄准性提供决策依据，为深化粮食收储政策改革提供可借鉴方案。

三、研究目标与研究内容

（一）研究目标

以"价补分离"为基本内容的玉米收储政策改革，旨在修正玉米临时收储政策所造成的市场扭曲及释放既有的库存压力。作为临时收储政策的替代性选择，玉米收储政策的改革必然产生多重效应。因此，本书的总体目标：基于不同玉米收储政策替代内在机理的分析，探讨玉米收储政策改革的波及效应以及政策优化路径。其中涵盖四个具体目标：

（1）厘清玉米收储政策改革的内在机理及其目标。
（2）探讨玉米收储政策改革的产业链效应。
（3）探讨玉米收储政策改革的空间效应。
（4）探寻玉米收储政策完善对策与优化方向。

（二）研究内容

研究内容包括东北地区玉米产业发展状况分析、玉米临时收储政策的终结与"价补分离"政策的替代、玉米收储政策改革的产业链效应、玉米收储政策改革的空间效应、玉米收储政策的完善与优化四个主要部分，各部分之间的逻辑结构如图1-1所示。

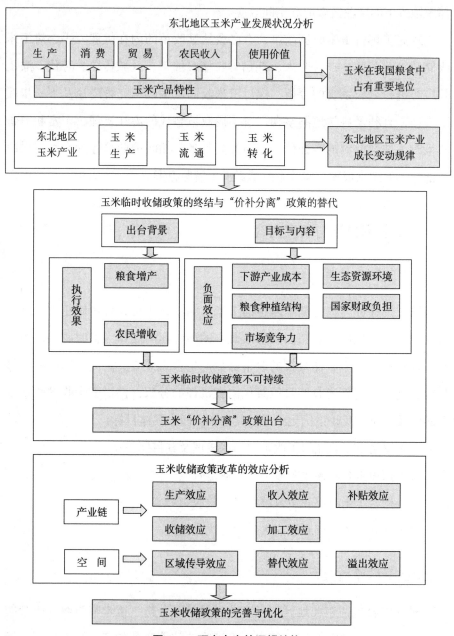

图1-1 研究内容的逻辑结构

1. 东北地区玉米产业发展状况分析

在对玉米产品特性进行系统分析的基础上，分析东北地区玉米产业发展状况，以国内外玉米市场供求关系变化为背景，通过对以产业链方式存在的玉米产业 40 多年发展历程的研究，揭示东北地区玉米产业动态变化规律。

2. 玉米临时收储政策的终结与"价补分离"政策的替代

玉米临时收储政策在历经 8 年后黯然终结，根源在于该政策对市场规律的扭曲。在厘清玉米临时收储政策出台背景的基础上，分析其政策目标的初衷及其释放的正负效应；分析其替代品——"价补分离"政策的目标指向及框架、机制的合理性。

3. 玉米收储政策改革的效应分析

（1）玉米收储政策改革的产业链效应。本书基于产业链视角，构建农户、政府、第三方主体（玉米产业链上的各类企业）三维坐标（见图 1-2）。第一，农户维坐标，分析玉米收储政策改革的生产效应和收入效应。就生产效应而言，首先基于宏观数据分析玉米"价补分离"政策实施后政策实施区玉米播种面积、玉米用工数量、玉米物质与服务费用等的变化特征。其次基于黑龙江、吉林、辽宁、内蒙古、河南、河北、山东、山西 8 个省（区）960 户农户的微观调研数据，运用双重差分模型（DID）分析玉米"价补分离"政策对农户生产行为的影响及其深度。就收入效应而言，运用双重差分模型（DID）分别基于农户玉米收入视角和农户家庭收入视角分析玉米"价补分离"政策对农户收入的影响及其深度。第二，政府维坐标，分析玉米收储政策改革的补贴效应。通过构建政策回应性评估模型评价农户对玉米生产者补贴政策的综合满意度。第三，第三方主体维坐标，分析玉米收储政策改革的收储效应和加工效应。就收储效应而言，分析玉米"价补分离"政策实施后玉米市场收购主体发生的变化及呈现的特点。就加工效应而言，首先分析玉米"价补分离"政策对玉米淀粉和玉米酒精等深加工行业产生的效应；其次运用链合模型分析玉米收储政策改革对玉米饲用消费产生的传导效应。

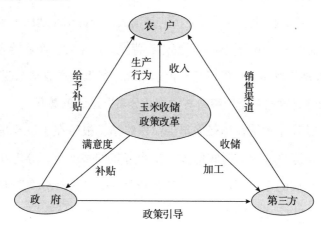

图1-2　农户、政府、第三方主体三维坐标

（2）玉米收储政策改革的空间效应。本书分别对玉米收储政策改革的区域传导效应、替代效应和溢出效应进行分析，即分析玉米收储政策改革对国内玉米主销区、玉米相关替代品、国际玉米市场的影响，探讨玉米收储政策改革在空间上的联动性，研判在开放市场框架下玉米收储政策改革后的市场格局。从区域传导效应来看，首先运用Johansen（协整检验）对玉米收储政策改革前后我国玉米产销区之间价格的长期关系进行检验。其次运用ECM模型对存在长期市场整合关系的区域市场间的短期整合情况进行检验。从替代效应来看，通过计算玉米对小麦、大麦、高粱饲用消费的替代弹性及玉米对DDGS进口的替代弹性分析玉米收储政策改革的替代效应。从溢出效应来看，将国内外玉米现货和期货放在同一分析框架内，运用向量误差修正模型，分析国内玉米价格波动的传导效应及其对国际玉米价格的影响程度。

4.玉米收储政策的完善与优化

目前，改革后的玉米收储政策仍表现为较强的粗放性。本书在分析评价既有政策内容的基础上，综合发达国家粮食收储政策改革的经验，提出现行政策的完善要点和优化方向。

四、研究方法与技术路线

（一）研究方法

1.规范分析方法

（1）文献研究法。分析和研究关于粮食收储政策的文献及权威政策文本，厘清不同粮食收储政策的理论机理和实践经验，探究已有研究的待改进空间，科学定位现实问题与科学问题，为本书开展夯实基础。

（2）问卷调查法。以玉米种植户为调研对象，选取玉米"价补分离"政策实施区黑龙江、吉林、辽宁、内蒙古和政策未实施区河南、河北、山东、山西作为调研地区，通过入户填写调查问卷和实地访谈的方式开展调查。

（3）比较分析法。本书对不同玉米收储政策进行比较分析，探索不同政策替代的内在机理。通过对玉米收储政策改革前后农户、政府、玉米产业链上的各类企业、国内玉米主销区、玉米相关替代品、国际玉米市场等的比较，分析玉米收储政策改革的产业链效应和空间效应。通过对玉米"价补分离"政策实施区与非实施区玉米种植农户在政策实施后生产行为与收入的比较分析，进一步探索玉米收储政策改革的生产和收入效应。

2.实证分析方法

（1）双重差分模型（DID）。玉米"价补分离"政策的实施区域为东北三省和内蒙古，这为本书提供了一个准自然实验。本书运用双重差分模型（DID），以政策实施区域的农户为处理组，未实施政策区域的农户为对照组。通过比较处理组和对照组农户生产行为和收入对政策实施的响应来评估"价补分离"政策所产生的生产效应和收入效应。

（2）多元排序选择模型。本书首先运用李克特（Likert）五级量表测度样本农户对玉米生产者补贴政策的满意度。其次将农户对补贴标准、补贴依据、种植面积统计结果、补贴公布时间、补贴资金发放方式、政府政策宣传工作的满意度，运用主成分分析法综合为农户对补贴政策整体的满意度指标，将排序后的主成分分析结果按照原有满意度的分布，重新赋值成离散变量。最后运用多元排序选择模型分析农户政策认知度对政策满意度的影响。

（3）链合模型。基于玉米产业链价格传导机制中的价格传导关系、价格传导路径、价格传导强度和价格传导效率等运用链合模型分析玉米收储政策改革对玉米饲用消费的影响。

（4）协整与误差修正模型。首先，运用 Johansen（协整检验）对玉米收储政策改革前后我国玉米主产销区之间价格的长期关系进行检验。其次，运用误差修正模型，对存在长期市场整合关系的区域市场间的短期整合情况进行检验，以此考察玉米收储政策改革的区域传导效应。

（5）替代弹性和双对数模型。首先，运用替代弹性模型分析玉米对小麦、大麦、高粱等相关替代品饲用消费的替代效应。其次，运用双对数模型探讨玉米收储政策改革对 DDGS 进口的替代效应。

（6）向量误差修正模型。将国内外玉米现货和期货放在同一分析框架内，运用向量误差修正模型，分析国内外玉米现货、期货价格波动的传导，研判在开放市场框架下玉米收储政策改革后的市场格局。

（二）技术路线

本书按照"提出问题→分析问题→解决问题"的逻辑链研究国家玉米收储政策改革效应及其优化。从对玉米产业发展状况的系统认识入手，以玉米收储政策的演化为主线，结合实地调研结果，运用计量经济模型，分析玉米收储政策改革的产业链效应和空间效应，并根据研究结果提出完善的玉米收储政策体系及优化方向。技术路线详见图 1-3。

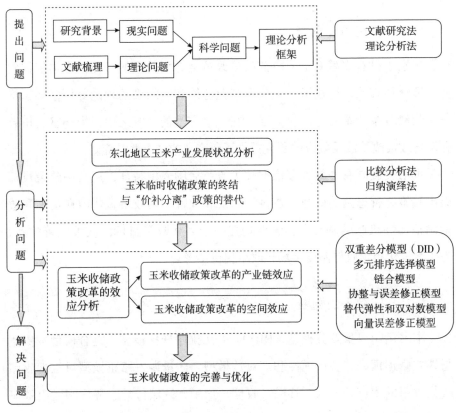

图 1-3 技术路线

五、本书可能的学术贡献

（一）研究视角创新

在农业供给侧结构性改革的大背景下，玉米临时收储政策难以为继，迫切需要就玉米收储政策改革和优化开展理论与实证研究，从而改善玉米市场竞争力，保护农民粮食生产积极性，提升粮食安全保障水平。本书基于玉米全产业链视角和空间视角关注玉米收储政策改革的效应，探索玉米产业链价格传导机制和空间价格传导机制，拓宽了研究视角，为深化粮食收储政策的市场化改革提供启发和示范。

（二）研究内容创新

区别于已有文献对玉米收储政策改革某方面效应的研究，本书依据农业政策评估理论，构建了一个包括产业链维和空间维的理论分析框架，将玉米收储政策改革效应的研究建立在一个完整的系统之内，为丰富、拓展和深化政策改革波及效应的研究提供了研究范式和有益补充。

本书突破既有文献大多依据政策改革后的表象特征，从某一政策目标提出政策完善思路的研究，在科学洞察和理解不同政策替代内在机理和政策调整传导机制的基础上，尝试构建一个多元政策目标的政策完善体系，为探索深化粮食收储制度市场化改革提供参考。

（三）研究方法创新

本书运用双重差分模型（DID）、多元排序选择模型、链合模型、协整与误差修正模型、替代弹性和双对数模型、向量误差修正模型对玉米收储政策改革的生产、收入、补贴、收储、加工、区域传导、替代和溢出效应进行了实证分析，深入测度了各经济主体对玉米收储政策改革的响应强度与玉米收储政策改革的空间联动深度，为探索玉米收储政策改革的波及效应提供了新的佐证和参考值。

第二章 概念界定与理论基础

第一节 概念界定

一、玉米收储政策改革

粮食收储政策是国家对粮食领域进行宏观调控的一种政策手段，主要包括粮食收储价格激励政策、粮食收储财政补贴政策、粮食收储科技支持政策和粮食收储监督管理政策等。玉米作为我国重要的粮食品种之一，大多关于玉米品种的收储政策都包含在粮食收储政策中。2008 年，我国针对玉米品种实施了玉米临时收储政策。政策实施以来，在实现既定政策目标的同时，产生了玉米产量、库存量和进口量齐增，国内与国际市场、主产区与主销区、玉米原料与加工品价格倒挂等问题。2016 年 3 月，玉米临时收储政策被取消，国家实施了"价补分离"政策。本书中的玉米收储政策改革，是指玉米"价补分离"政策取代玉米临时收储政策，分析玉米"价补分离"政策下的效应及完善和优化对策。

二、玉米收储政策改革效应

玉米收储政策改革与农民利益，农业种植业结构，玉米储存、加工和销售，执行区区域经济，国家粮食安全等诸多方面息息相关。本书基于产业链视角，分析玉米收储政策改革的生产、收入、补贴、收储、加工效应；基于空间视角，分析玉米收储政策改革的区域传导、替代、溢出效应（见图2-1）。

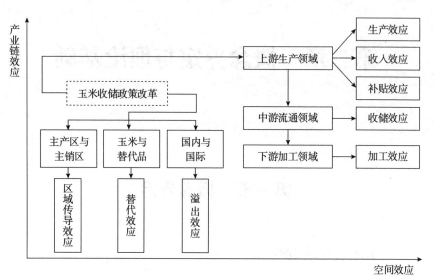

图 2-1 玉米收储政策的改革效应

下面分别对上述效应的内涵进行界定。

（一）生产效应

本书中的生产效应，是指玉米收储政策改革即玉米"价补分离"政策的实施对农户在玉米种植过程中土地投入、劳动力投入、物化要素投入等生产行为方面产生的效应。

（二）收入效应

本书中的收入效应，是指玉米收储政策改革即玉米"价补分离"政策的实施对农户在玉米收入和家庭收入等方面产生的效应。

（三）补贴效应

本书中的补贴效应，是指玉米种植户对玉米收储政策改革即玉米"价补分离"政策的认知和评价。

（四）收储效应

本书中的收储效应，是指玉米收储政策改革即玉米"价补分离"政策实施后玉米市场收购主体发生的变化及呈现的特点。

（五）加工效应

本书中的加工效应，是指玉米收储政策改革即玉米"价补分离"政策的实施对玉米深加工业和以玉米作为主要饲料的畜牧业产生的效应。其中，玉米深加工业主要以玉米淀粉加工企业和玉米酒精加工企业为分析对象，以玉米作为主要饲料的畜牧业主要以生猪业为分析对象。

（六）区域传导效应

本书中的区域传导效应，是指玉米收储政策改革即玉米"价补分离"政策的实施带来的玉米产销市场空间价格传导的变化及玉米国内产销流通格局的变化。

（七）替代效应

本书中的替代效应，是指玉米收储政策改革即玉米"价补分离"政策实施后小麦、大麦、高粱、DDGS等玉米替代品饲用消费和进口的变化及呈现的特点。

（八）溢出效应

本书中的溢出效应，是指将国内外玉米现货和期货放在同一分析框架，分析玉米收储政策改革即玉米"价补分离"政策实施后国内玉米现货、期货价格与国际玉米现货、期货价格的传导关系、传导方向、传导路径及传导强度。

第二节　理论基础

一、农业政策评估理论

一个完整的政策过程是由政策规划、政策执行和政策评估三部分构成的。农业政策评估，是指通过使用适合的方法，以公认的标准为依据，来检查、衡量、评价农业政策的实施过程和得到的成果，进而对相应的农业政策是否有价值或有什么价值展开系统的评判。农业政策评估作为调整和变更政策的依据，也是新农业政策问题确定和政策制定的必由之路。农业政策评估分为农业政策事前评估和农业政策事后评估。农业政策实施之前预测、分析和评价其实施后可能产生的效果称为农业政策事前评估。农业政策事后评估，则是以现行的农业政策为研究对象，对其实施之后的效果进行评价、总结，包括判断其是否产生了预期的政策效果，产生了哪些政策效果，尚存在哪些问题，问题产生的原因，如何解决这些问题，怎样修正现行的农业政策等。

农业政策效果评估涉及内容如下：第一，农业政策实施对象因农业政策的执行所发生的初步变化，即农业政策实施对象感受到的初步影响；第二，政策的溢出效应，即农业政策实施对象以外的团体受到的影响，也可以称为农业政策的继发影响；第三，整个社会系统由于农业政策实施产生的初步影响与继发影响所发生的变化；第四，农业政策本身反馈作用所产生的效应。

本书基于农业政策评估理论，构建本书的理论分析框架，首先对玉米临时收储政策的正负效应进行分析，厘清政策替代的内在机理。在此基础上，对玉米收储政策改革即玉米"价补分离"政策的产业链效应和空间效应进行分析，具体包括生产效应、收入效应、补贴效应、收储效应、加工效应、区域传导效应、替代效应和溢出效应。

二、蛛网模型理论

蛛网模型是以动态分析为研究方法，进而考察生产周期较长的商品在偏离了均衡状态后，该商品产量和价格实际波动的过程和结果。蛛网模型的基本假定为：商品前一期价格决定本期产量，而该商品本期价格决定本期需求量。以需求弹性（Ed）和供给弹性（Es）的关系作为划分依据，可知蛛网模型可被分为三类：（1）"收敛型蛛网"，形成条件是需求弹性（Ed）>供给弹性（Es）；（2）"发散型蛛网"，形成条件是需求弹性（Ed）<供给弹性（Es）；（3）"封闭型蛛网"，形成条件是需求弹性（Ed）=供给弹性（Es）。

民以食为天，粮食是关系国计民生的重要农产品。根据需求弹性的内涵可知，粮食属于需求缺乏弹性的商品，即其需求量变化的百分比小于价格变化百分比。关于粮食需求与供给弹性关系的经典论断，是粮食供给弹性大于粮食需求弹性。伴随着我国经济社会发展水平的稳步上升，非农产业部门对劳动力的需求与日俱增，这在一定程度上扩展了农村劳动力向城镇转移的空间。此外，不断深化的城乡户籍制度改革和整体提升的农村劳动力素质都为农村劳动力转移创造了条件、提供了支撑。农村劳动力向非农产业转移的成本大幅度降低，其与粮食供给弹性之间呈现出显著的负相关关系。可见，在经济社会级别自低向中高逐渐变化的进程中，粮食需求与供给弹性呈现"一减一增"的反向变化关系，最终形成发散型蛛网（见图2-2）。如果完全依靠市场的自发调节，政府对此不进行任何干预，那么未来在极大程度上会使粮食生产出现超常波动的现象，进而导致粮食供求的长期均衡将无法实现。当经济发展到一定阶段后，政府通过采取精准性补贴手段和指向性价格支持政策，一定程度上干预粮食市场进而影响粮农的生产行为，是适应粮食供给弹性和粮食需求弹性演化规律的必然选择。

蛛网模型理论为本书分析农户生产行为对玉米"价补分离"政策的响应提供了重要理论依据。

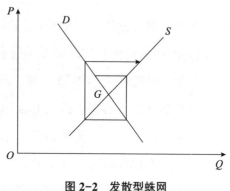

图 2-2　发散型蛛网

三、农户行为理论

国内外学者在农户行为领域研究成果颇丰，研究者们对农户的行为目标进行假定，将农户行为置身于其所处的制度环境、市场环境、社会环境和文化环境中进行深入剖析，形成农户行为的理论分析框架。目前，围绕农户行为理论衍生出多个学派，以理性小农学派、组织生产学派和效用小农学派最为著名。

（一）理性小农学派

以舒尔茨为代表的理性小农学派认为，农户以获得最大利润作为其农业经营的最大目标。即便小农户农业生产效率较低，但是小农户能够以完全理性作为生产决策行为的基石。因此，可以将追求最大利润作为中介，通过优化生产要素配置效率和提升农业生产的技术水平，进一步改造传统农业。波普金也是理性小农学派的代表人物之一，他认为拥有理性的小农户，将会以利润最大化作为思考决策的目标，将风险防控、成本收益等因素进行综合考量，最终合理作出生产决策。

（二）组织生产学派

以恰亚诺夫为代表的组织生产学派认为，在分析农户生产行为时应以其心理状态为前提，以劳动——消费均衡和家庭周期等理论为基础。该学派舍弃理性小农学派理性人假设，虽然小农户存在理性的生产行为，但他们认为不能据此以获得最大利润作为研究前提。组织生产学派认为，小农户会以满足家庭消费作为其农业生产经营的主要目的，追求利润只是为了实现该目标的一种重要手段。相较于追求利润，降低生产风险是实现农户农业生产经营目标更为重要的一种手段。家庭劳动投入程度决定家庭消费需求程度，但是劳动者超负荷或时长的家庭劳动会产生"心理负担"。如果家庭消费需求能够被当期农业产出满足，那么农户开展进一步农业生产的积极性将会大打折扣。因此，农户会以"农业产出"与劳动的"辛苦程度"之关系，来考量如何配置生产要素。组织生产学派在分析农户行为时虽然从人类学方法出发，将满足家庭消费作为农户生产经营的目标，但是在分析过程中忽视了市场因素、社会因素等对农户行为的影响。

（三）效用小农学派

黄宗智研究了中华人民共和国成立前商品小农的行为与动机，指出其行为具有多元农业生产目标。维持生计的"劳动小农"、追求利润的"个体小农"和受剥削的"生产小农"是小农自身的三重身份，这些身份主要依附于其生产目标。由于小农户这种小而分散的生产规模、生产要素配置效率低以及难以转移剩余劳动力等因素叠加，即便小农最初目标是获取最大利润，但依然会选择在明知劳动投入边际报酬低时继续增加供给。究其根本，小农在此种状态下难以有其他的决策空间。这会导致农业生产劳动投入出现"过密化"现象，换言之，无法分离劳动力过剩的部分，而只能将这一部分不断地投入到小农和农业生产中。

本书以上述几种经典的农户行为理论为理论基础，分析玉米"价补分离"政策实施后农户玉米生产决策行为的变化及特点，进而对玉米"价补分离"政策的实施效果进行评价。

四、价格传导理论

目前关于价格传导机制内涵的理解，不同学者有不同的表述。虽然没有形成统一的定义，但是学者们均认为在价格体系中，同一商品不同环节价格之间、相互关联的不同商品价格之间存在着相互影响和相互制约的关系。价格传导主要有两种类型：一是垂直的价格传导，即商品生产环节上游、中游和下游之间的价格传导；二是以市场整合为前提的空间价格传导。

本书认为，价格传导是某种商品价格波动在价格体系内的传递与扩散，是价格运动的一种形式。市场价格体系为该市场上各种价格的传导提供了可能。其中，统一性、制约性、衔接性和连锁反应性等是市场价格体系中各种价格所具有的属性。价格传导由价格的传导关系、路径、效率和强度等内容构成。一般来讲，将价格体系中的某种商品处于某个环节的价格变化，与其相关商品价格和相关环节价格相互影响和作用的这一过程称为价格传导机制。在市场价格体系中要发挥价格机制的积极作用需要以顺畅的价格传导关系为重要条件。

作为大宗农产品，玉米的价格波动会在整个玉米产业链进行纵向传导，会在不同国别、不同地区、不同品种、不同市场间进行横向传导。本书在上述理论基础上，构建玉米价格传导机制（见图2-3），分析玉米收储政策改革前后玉米价格波动对玉米收储、玉米加工、玉米主销区、玉米替代品、国际玉米价格等产生的影响，探讨相应的传导路径、传导效率和传导强度等的变化特征。

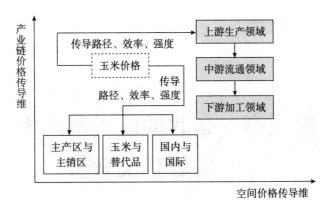

图2-3 玉米价格传导机制

本章首先详细界定了玉米收储政策改革、玉米收储政策改革效应（生产效应、收入效应、补贴效应、收储效应、加工效应、区域传导效应、替代效应、溢出效应）等概念。其次详细严谨地将本书的相关理论进行了梳理归纳，包括农业政策评估理论、蛛网模型理论、农户行为理论、价格传导理论等，为下文研究的开展奠定了坚实的理论基础。

第三章　东北地区玉米产业
发展状况分析

　　玉米是三大谷物之一，具有适应性强、分布广泛、产业链长、附加值高、用途多样等特性。自玉米于16世纪引入我国至今，已成为我国的第一大作物，是我国重要的粮食、饲料和工业原料。目前，我国玉米饲用消费达到60%以上。随着人们膳食结构的改善，对肉蛋奶需求的增加，主要用于饲料消费的玉米在国家粮食安全中的重要地位日益凸显。我国的气候和土壤条件对玉米种植具有广泛的适应性，从东北平原，经华北平原，至西部丘陵山区形成一条玉米生产带。我国的玉米种植区域可划分为6个区域，即东北春玉米区、黄淮海夏玉米区、西南山地玉米区、西北灌溉玉米区、长江中下游玉米区、华南玉米区。其中，东北春玉米区种植了全国最多的玉米，形成了我国玉米带的核心部分。根据《中国统计年鉴（2020年）》显示，2019年东北春玉米区（黑龙江、吉林、辽宁、内蒙古）玉米种植面积为1654.55万公顷，产量为11591.80万吨，分别占全国的40.08%和44.45%。东北地区人均玉米占有量是全国人均玉米占有量的1倍以上，其中吉林省人均玉米占有量是全国人均玉米占有量的5.82倍，是全国唯一一个玉米人均占有量超过1000千克的省。丰富的玉米资源为发展东北地区玉米加工业和畜牧业奠定了雄厚的原料基础。

改革开放前，我国玉米实行统购统销，不存在真正意义上的玉米市场；玉米加工业所占份额极小且均为初级加工产品；为了确保粮食安全，畜牧业饲料主要来源于副产品，玉米尚未成为饲料。因此，东北地区没有形成完整意义上的玉米产业，真正以产业链方式存在的玉米产业是在20世纪80年代后形成和发展的。历经40多年，东北地区的玉米产业平台得到了较大幅度的提升，并发生了趋势性的变化。东北地区玉米产业无论是在区域经济中还是在国家宏观产业格局中都占据重要地位。

第一节　东北地区玉米生产情况

东北地区是我国重要的农产品生产基地和商品粮生产基地，对稳定国家粮食有效供给、保障国家粮食安全作出了较大贡献。2019年东北地区粮食产量达到17464万吨，占全国的26.31%。其中黑龙江7503万吨，吉林3878万吨，辽宁2430万吨，内蒙古3653万吨。2019年黑龙江、吉林和内蒙古的人均粮食占有量分别达到1994千克、1438千克和1440千克，位居全国的前三位，是全国仅有的粮食人均超1000千克的省（区）。玉米是东北地区的主要粮食作物，是东北地区农民收入的主要来源。

一、东北地区玉米产量情况

改革开放以来，东北地区玉米产量明显提高。玉米总产量由1978年的1825万吨增加到2019年的11592万吨，年均增长4.61%。东北地区玉米产量占全国玉米产量的比重由1978年的32.65%上升到2019年的44.45%，上升了11.80个百分点（见表3-1）。其中，内蒙古自治区的玉米产量由1978年的19万吨增长到2019年的2722万吨，净增了2703万吨；辽宁省的玉米产量由1978年的603万吨增长到2019年的1884万吨，净增了1281万吨；吉林省的玉米产量由 1978 年的 581 万吨增长到 2019 年的 3045 万吨，净增了 2464 万吨；黑龙江省的玉米产量由 1978 年的 622 万吨增长到 2019 年的 3940 万吨，净增了 3318 万吨。从 1978 年到 2019 年，全国玉米产量净增加了 20488 万吨，而其中近 47% 都是东北地区贡献的。尤其是 2008 年以来我国玉米产量增长中，东北地区的贡献达到了 57%。

表 3-1　1978—2019 年东北地区与全国玉米产量情况

年份	东北地区（万吨）	全国（万吨）	东北地区占全国比重（%）	年份	东北地区（万吨）	全国（万吨）	东北地区占全国比重（%）
1978	1825	5590	32.65	1999	4677	12810	36.51
1979	1913	6000	31.88	2000	2964	10600	27.96
1980	1821	6260	29.09	2001	3724	11409	32.64
1981	1695	5920	28.63	2002	4290	12131	35.36
1982	1582	6060	26.11	2003	4242	11583	36.62
1983	2285	6820	33.50	2004	4777	13029	36.67
1984	2611	7340	35.57	2005	5045	13937	36.20
1985	1813	6380	28.42	2006	5896	15160	38.89
1986	2448	7090	34.53	2007	5565	15512	35.88
1987	2823	7980	35.38	2008	6505	17212	37.79
1988	2830	7740	36.56	2009	6363	17326	36.72
1989	2349	7893	29.76	2010	6945	19075	36.41
1990	3729	9680	38.52	2011	8007	21132	37.89
1991	3644	9880	36.88	2012	8675	22956	37.79
1992	3658	9540	38.34	2013	9625	24845	38.74
1993	3716	10270	36.18	2014	9433	24976	37.77
1994	3719	9930	37.45	2015	10004	26499	37.75
1995	4035	11200	36.03	2016	9566	26361	36.29
1996	4920	12750	38.59	2017	11241	25907	43.39
1997	3772	10430	36.16	2018	11145	25717	43.34
1998	5086	13300	38.24	2019	11592	26078	44.45

数据来源：《中国统计年鉴（1979—2020 年）》。

　　由图 3-1 可以看出，东北地区玉米产量呈现出波动式上升态势，1978—2019 年的玉米产量可以划分为 7 个阶段。第一阶段：1978—1981 年。家庭联产承包责任制于党的十一届三中全会后开始实施，制度的激励显著提升了农民种粮的积极性，但由于吉林省 1982 年才开始实施，落实较晚，因此，这一时期东北地区的玉米产量处于波动阶段。第二阶段：1982—1984年。国家玉米收购价格的持续升高，大力支持商品粮基地的建设，以及一系列支农政策的出台，家庭联产承包责任制的全面落实极大地调动了农民生产积极性，同时，原有农田水利基础设施等积累的能量得以集中释放以及同时期相对较少的自然灾害，使得玉米产量位于快速增长区间。1982—1984 年，玉米产量由 1582 万吨增至 2611 万吨，年均增长率为 28.47%，共计增产 1029 万吨。第三阶段：1985—1988 年。1985 年东北地区遭受了有史以来的特大洪灾，加之制度的促进作用递减，1984 年玉米大丰收后"卖难"现象凸显等使得玉米产量大幅度下降。1985 年，东北地区玉米产量只有1813 万吨。此后，东北地区开始积极探索农业市场化改革。经过灾后恢复，玉米生产又出现了新的增长势头，1988 年东北地区玉米产量达到了近十年的最高水平 2830 万吨。第四阶段：1989—1999 年。1989 年因受水灾旱灾交替的影响，东北地区玉米产量再次滑落到谷底。在这一阶段，国家实施了专项粮食储备制度、"米袋子"省长负责制等促进粮食生产持续稳定发展的政策措施，玉米产量不断登上新台阶。1990 年、1995 年、1998 年东北地区的玉米产量分别突破 3000 万吨、4000 万吨、5000 万吨。第五阶段：2000—2003 年。东北地区玉米受重大旱灾影响，导致产量大幅度下降。自 2001 年始，东北地区玉米产量开始恢复性增加，由于旱灾的持续影响，东北地区的玉米产量直至 2003 年，仍未能恢复到趋势产量水平。第六阶段：2004—2015 年。2003 年全国粮食产量跌落到 20 世纪 90 年代初的水平，此种情况已经严重地威胁到了国家粮食安全。针对上述情况中央连续出台了一系列支农惠农政策，以保护和提高主产区的粮食综合生产能力为核心。作为国家粮食主产区的东北地区，从上述支农惠农的政策中优先获益。例如，免征农业税政策优先在黑龙江、吉林两省运行，农业税税率 3 个百分点也在内蒙古、辽宁开展实施等。上述政策的实施在极大程度上调动了农民种粮的积极性，大幅度提升了粮食产量，玉米产量也迅速增长。特别是 2008 年国家实施玉米临时收储政策以来，东北地区玉米以年均 6.34% 的速度增长。2015 年，东北地区玉米产量登上了 10000 万吨的新台阶。第七阶段：2016年至今。2015 年国家首次下调了玉米临时收储价格，2016 年实施了"价补分离"政策，在这些政策市场化改革导向的作用下，2016 年东北地区玉米产量较 2015 年减少 438 万吨。此后由于玉米市场价格回升，玉米复种现象明显，2017 年、2018 年和 2019 年东北地区玉米产量分别达到 11241 万吨、11145 万吨和 11592 万吨。

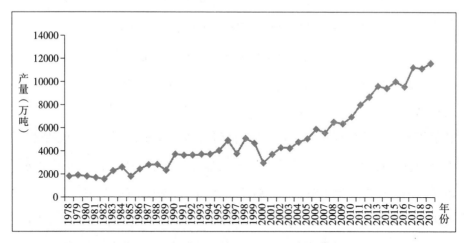

图 3-1　1978—2019 年东北地区玉米产量情况

数据来源：根据《中国统计年鉴（1979—2020 年）》有关数据计算整理得出。

二、东北地区玉米播种面积情况

从东北地区的玉米播种面积来看，自 1978 年以来，呈现出波动式上升趋势。1978 年东北地区玉米播种面积 5420 千公顷，2019 年达到 16546 千公顷，增加了 11126 千公顷，年均增长 2.76%。1978—2019 年东北地区的玉米播种面积占全国玉米播种面积的比重保持在 25%—40%（见表 3-2）。

表 3-2　1978—2019 年东北地区与全国玉米播种面积情况

年份	东北地区（千公顷）	全国（千公顷）	东北地区占全国比重（%）	年份	东北地区（千公顷）	全国（千公顷）	东北地区占全国比重（%）
1978	5420	19961	27.15	1999	8277	25904	31.95
1979	5618	20133	27.91	2000	6719	23056	29.14
1980	5635	20087	28.05	2001	7828	24282	32.24
1981	4988	19425	25.68	2002	7859	24634	31.90
1982	4629	18543	24.96	2003	7694	24068	31.97
1983	5070	18824	26.93	2004	8355	25446	32.84
1984	5416	18537	29.22	2005	8594	26358	32.60
1985	4888	17694	27.63	2006	9015	28463	31.67
1986	5525	19124	28.89	2007	10748	30024	35.80
1987	6099	20212	30.18	2008	10741	30981	34.67
1988	5801	19692	29.46	2009	11383	32948	34.55
1989	5895	20358	28.97	2010	11864	34977	33.92
1990	6527	21401	30.50	2011	12526	36767	34.07
1991	6694	21574	31.03	2012	13515	39109	34.56
1992	6559	21044	31.17	2013	14363	41299	34.78
1993	5994	20694	28.97	2014	14839	42997	34.51
1994	6365	21152	30.09	2015	15445	44968	34.35
1995	7265	22776	31.90	2016	14342	44178	32.46
1996	7838	24499	31.99	2017	16435	42399	38.76
1997	7852	23775	33.02	2018	17004	42130	40.36
1998	8017	25239	31.77	2019	16546	41284	40.08

数据来源：《中国统计年鉴（1979—2020 年）》。

　　从各省（区）的变化情况看，内蒙古自治区的玉米播种面积由 1978 年的 56 千公顷增长到 2019 年的 3776 千公顷，净增了 3720 千公顷；辽宁省的玉米播种面积由 1978 年的 1486 千公顷增长到 2019 年的 2675 千公顷，净增了 1189 千公顷；吉林省的玉米播种面积由 1978 年的 1882 千公顷增长到 2019 年的 4220 千公顷，净增了 2338 千公顷；黑龙江省的玉米播种面积由 1978 年的 1996 千公顷增长到 2019 年的 5875 千公顷，净增了 3879 千公顷。可见，东北地区玉米播种面积的增加中，黑龙江的贡献率最大，达到 34.86%，其次为内蒙古 33.44%，再次为吉林 21.01%，最后为辽宁 10.69%。从 1978 年到 2019 年，全国玉米播种面积净增加了 21323 千公顷，而其中 52% 以上都是东北地区贡献的。但是，东北地区内部各省（区）玉米播种面积占全国比重的变化有所差异，内蒙古由 0.28% 上升至 9.15%，提高了 8.87 个百分点；辽宁由 7.44% 下降至 6.48%，减少了 0.96 个百分点；吉林由 9.43% 上升至 10.22%，提高了 0.79 个百分点；黑龙江由 10.00% 上升至 14.23%，提高了 4.23 个百分点（见图 3-2）。

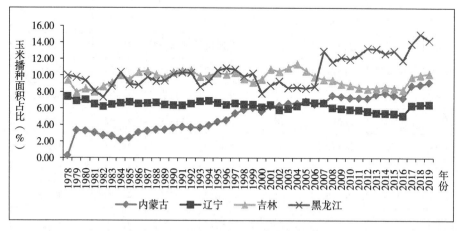

图 3-2　1978—2019 年东北地区各省（区）玉米播种面积占全国比重情况

数据来源：根据《中国统计年鉴（1979—2020 年）》有关数据计算整理得出。

三、东北地区玉米单产情况

从东北地区的玉米单产来看，1978—2019 年，东北地区玉米单产平均为 5370 千克 / 公顷，全国玉米单产平均为 4760 千克 / 公顷，比全国平均水平高 610 千克 / 公顷。自 1978 年以来（除 2000 年），东北地区玉米单产均高于全国平均单产水平。1978 年东北地区玉米单产为 3367 千克 / 公顷，同期全国玉米单产为 2800 千克 / 公顷，比全国平均水平高 567 千克 / 公顷。1993 年东北地区玉米单产登上了 6000 千克 / 公顷的新台阶，每公顷达到 6199 千克 / 公顷，是全国玉米单产水平的 1.25 倍。2017 年东北地区玉米单产达到历史最高点，为 6839 千克 / 公顷，同期全国玉米单产也达到了顶峰，但只有 6110 千克 / 公顷，比东北地区低 729 千克 / 公顷（见表 3-3）。

表 3-3　1978—2019 年东北地区与全国玉米单产情况

年份	东北地区（千克/公顷）	全国（千克/公顷）	东北地区/全国	年份	东北地区（千克/公顷）	全国（千克/公顷）	东北地区/全国
1978	3367	2800	1.20	1999	5651	4945	1.14
1979	3405	2980	1.14	2000	4411	4597	0.96
1980	3232	3116	1.04	2001	4757	4698	1.01
1981	3398	3048	1.12	2002	5459	4924	1.11
1982	3418	3268	1.05	2003	5514	4813	1.15
1983	4507	3623	1.24	2004	5717	5120	1.12
1984	4821	3960	1.22	2005	5871	5287	1.11
1985	3709	3606	1.03	2006	6540	5326	1.23
1986	4431	3707	1.20	2007	5178	5167	1.00
1987	4629	3948	1.17	2008	6056	5556	1.09
1988	4878	3931	1.24	2009	5590	5259	1.06
1989	3984	3878	1.03	2010	5854	5454	1.07
1990	5713	4523	1.26	2011	6393	5748	1.11
1991	5444	4580	1.19	2012	6418	5870	1.09
1992	5577	4533	1.23	2013	6701	6016	1.11

续表

年份	东北地区（千克/公顷）	全国（千克/公顷）	东北地区/全国	年份	东北地区（千克/公顷）	全国（千克/公顷）	东北地区/全国
1993	6199	4963	1.25	2014	6357	5809	1.09
1994	5843	4695	1.24	2015	6477	5893	1.10
1995	5554	4917	1.13	2016	6670	5967	1.12
1996	6277	5204	1.21	2017	6839	6110	1.12
1997	4804	4387	1.10	2018	6554	6104	1.07
1998	6344	5270	1.20	2019	7006	6317	1.11

数据来源：《中国统计年鉴（1979—2020年）》。

1978—2019年，内蒙古、辽宁、吉林、黑龙江单产增加量依次为3796千克/公顷、2986千克/公顷、4130千克/公顷、3591千克/公顷，增幅分别为111.21%、73.55%、1133.80%、115.25%。可见，玉米单产增加幅度从大到小依次为吉林、黑龙江、内蒙古、辽宁。绝对单产由大到小依次是吉林、辽宁、内蒙古、黑龙江（见图3-3）。

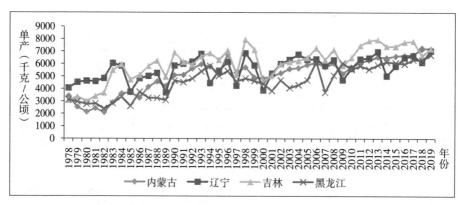

图3-3　1978—2019年东北地区各省（区）玉米单产情况

数据来源：根据《中国统计年鉴（1979—2020年）》有关数据计算整理得出。

东北地区玉米生产的发展主要来自以下四个方面：一是优越的自然资源禀赋。适宜的气候、辽阔的地域、肥沃的土地都为玉米生产的快速发展提供了得天独厚的资源条件。二是社会需求的驱动。玉米是重要的饲料原料和工业原料，在畜牧业和玉米加工业蓬勃发展的同时，对玉米原料的需求与日俱增，进而推动了玉米生产的发展。三是国家玉米宏观调控政策的拉动。特别是玉米临时收储政策的实施，使得玉米产能在不断提升的玉米临时收储价格的推动下得到了空前释放。四是科学技术进步的带动。随着机械化、化学化、良种和配套栽培技术等科学技术的进步，玉米综合生产能力不断增强，为玉米种植面积的增加创造了有利条件。

四、东北地区玉米人均占有量情况

虽然我国有六大玉米主产区，涵盖23个省（市、区），但是各个玉米主产区的人口分布差异较大，使得玉米人均占有量也表现出明显的不均衡。玉米人均占有量是衡量玉米生产商品化程度的一个重要指标，即玉米实际商品率的大小可以由玉米人均占有量的多少来体现：玉米人均占有量越大，玉米生产商品化程度越高；玉米人均占有量越小，玉米生产商品化程度越低。从表3-4中可以看出，就六大区域而言，玉米人均占有量从大到小依次为：东北春玉米区、西北灌溉玉米区、黄淮海夏玉米区、西南山地玉米区、长江中下游玉米区、华南玉米区。其中，东北春玉米区是西北灌溉玉米区的3.62倍，是华南玉米区的41.17倍。就省域而言，可将其分成三类：第一种类型为玉米的人均占有量明显比全国平均水平的省（区）高，包含吉林、内蒙古、黑龙江、辽宁4个省（区）。从玉米人均占有量来看，上述省（区）均比全国平均水平超出1倍之多，其中吉林省更是全国平均水平的5.89倍，是全国唯一一个超过1000千克/人的省；内蒙古和黑龙江的玉米人均占有量分别是全国平均水平的5.32倍和5.23倍。玉米日益消退的口粮功能，使得这些省（区）的玉米商品率会呈现不断提高的趋势。第二种类型是玉米人均占有量略高于全国平均水平的省（市、区），包括河北、山西、山东、河南、甘肃、宁夏、新疆7个省（区）。其中，山东、河

国家玉米收储政策改革效应及其优化研究

南两省的玉米产量较大，分别占全国玉米产量的 9.49%、8.18%，但玉米人均占有量并不占优势。随着这些省（区）玉米加工业和畜牧业的快速发展，玉米的本地需求量会大幅度上升，可供外调的玉米量会呈现不断下降的趋势。第三种类型是玉米人均占有量低于全国平均水平的省（市、区），包括湖北、湖南、广东、广西、江苏、安徽、北京、天津、云南、贵州、陕西、四川 12 个省（市、区）。其中值得关注的是四川省，四川省的玉米总产量近 1000 万吨，占全国玉米总产量的 3.83%，但其玉米人均占有量只是全国平均水平的 64.11%。

表 3-4　2016—2019 年我国玉米主产区玉米产量和人均占有量情况

地区	2016—2019 年平均产量（万吨）	占全国比重（%）	2016—2019 年平均人均占有量（千克/人）
辽宁	1700.55	6.54	389.70
吉林	2982.25	11.46	1100.05
黑龙江	3688.13	14.18	976.58
内蒙古	2514.88	9.67	993.48
东北春玉米区	10885.80	41.84	813.45
北京	31.58	0.12	14.58
天津	115.80	0.45	74.22
河北	1929.23	7.42	256.00
山西	946.95	3.64	255.38
山东	2467.73	9.49	246.26
河南	2128.70	8.18	222.03
黄淮海夏玉米区	7619.98	29.29	220.39
江苏	290.78	1.12	36.17
安徽	577.78	2.22	91.96
湖北	320.98	1.23	54.33
湖南	202.75	0.78	29.48
长江中下游玉米区	1392.28	5.35	51.36
陕西	572.58	2.20	148.80

地区	2016—2019 年平均产量（万吨）	占全国比重（%）	2016—2019 年平均人均占有量（千克/人）
甘肃	580.35	2.23	220.65
宁夏	224.05	0.86	327.01
新疆	785.88	3.02	318.65
西北灌溉玉米区	2162.85	8.31	224.62
云南	878.85	3.38	182.45
四川	997.40	3.83	119.83
贵州	314.23	1.21	87.64
西南山地玉米区	2190.48	8.42	130.94
广西	257.70	0.99	52.57
广东	61.43	0.24	5.47
华南玉米区	319.13	1.23	19.76
全国	26015.93	100	186.90

数据来源：根据《中国统计年鉴（2017—2020 年）》有关数据计算整理得出。

五、东北地区玉米成本利润率情况

在农业生产中，成本利润率反映生产中所消耗全部资源的净回报率，是净利润与总成本的比值，是衡量粮食生产经济效益的一个重要指标。1998—2019 年，东北地区玉米的成本利润率在波动中下降，平均为 22.08%，比全国 18.25% 高 3.83 个百分点。1998 年为 54.62%，2019 年为 -5.26%，20 年间下降了 59.88 个百分点。2003 年东北地区玉米的成本利润率最高，达到 66.16%，比同期全国平均水平 37.37% 高 28.79%。近十年，东北地区玉米成本利润率逐年下降，2015 年首次为负值，2016 年达到史上最低值 -31.41%，低于全国 -28.13% 的平均水平。虽然 2017 年以来有所恢复，但仍然为负值（见图 3-4）。2004—2014 年，东北地区玉米的净利润基本稳定，玉米成本利润率的下降主要在于玉米生产成本的大幅度上升，

2004年玉米生产总成本为377.64元/亩，2014年增长到1012.34元/亩，比2004年增长了1.68倍。2015年以来，东北地区净利润明显下降，2015年首次跌落至负值，2016年达到史上最低点-315.17元/亩，在此期间，虽然玉米生产总成本有所下降，但减幅不大，净利润与总成本的双重影响，使得东北地区玉米成本利润率大幅度下跌（见图3-5）。

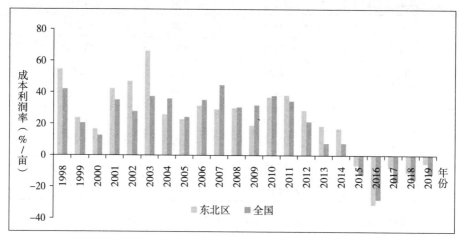

图3-4 1998—2019年东北地区与全国玉米成本利润率情况

数据来源：根据《全国农产品成本收益资料汇编（1999—2020年）》有关数据计算整理得出。

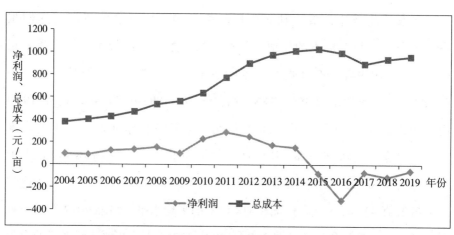

图3-5 2004—2019年东北地区玉米净利润与总成本情况

数据来源：根据《全国农产品成本收益资料汇编（2005—2020年）》有关数据计算整理得出。

就东北地区内部而言，1998—2019 年，内蒙古自治区的玉米成本利润率平均为 30.81%/ 亩，由 1998 年的 41.34%/ 亩下降到 2019 年的 16.48%/ 亩，下降了 24.86 个百分点；辽宁省的玉米成本利润率平均为 19.92%/ 亩，由 1998 年的 63.58%/ 亩下降到 2019 年的 –10.10%/ 亩，下降了 73.68 个百分点；吉林省的玉米成本利润率平均为 12.69%/ 亩，由 1998 年的 55.66%/ 亩下降到 2019 年的 –11.70%/ 亩，下降了 67.36 个百分点；黑龙江省的玉米成本利润率平均为 24.89%/ 亩，由 1998 年的 57.90%/ 亩下降到 2019 年的 –15.72%/ 亩，下降了 73.62 个百分点。可见，近 20 年，辽宁省的玉米成本利润率下降得最多，其次为黑龙江省，再次为吉林省，最后为内蒙古自治区（见图 3-6）。

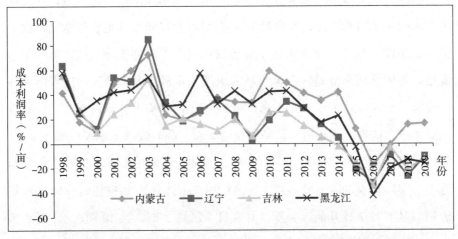

图 3-6　1998—2019 年东北地区各省（区）玉米成本利润率情况

数据来源：根据《全国农产品成本收益资料汇编（1999—2020 年）》有关数据计算整理得出。

第二节　东北地区玉米流通情况

20 世纪 50—70 年代，国家面临的主要问题是解决人们的温饱问题，因此口粮消费是玉米的主要消费渠道，全国各地都处于自产自销状态。之后，随着经济条件的改善，人们对肉蛋奶需求增加，进而对饲料消费需求不断增加，畜牧业的刚性需求带动玉米饲用需求量不断增加。

20世纪80—90年代，南方畜牧业快速发展，按照国家计划每年有数百万吨玉米从东北调往南方各省，呈现北粮南运格局。北粮南运的主要渠道是东北地区铁水联运到东南沿海或东北地区铁路直达内陆销区。就吉林省而言，正常年景下，吉林省往省外年销玉米1250万吨以上，销售形式多样，包括南方贸易商或饲料企业来吉林省采购、本地粮食企业为南方客户代收代储、本地贸易商收购之后销往南方等。20世纪90年代后期，东北成为我国最大的玉米调出区，每年调出玉米可高达2000万吨以上，是我国最大的商品玉米集散地，仅吉林省玉米出口就占整个外贸出口的50%—60%。

2004年之后受国家政策引导，东北地区玉米加工业迅速发展，东北地区玉米的本地消费增加，外运减少。自2009年以来东北地区玉米基本没有出口。2012年以来，猪肉价格下降导致饲料需求极度萎缩，加之国际玉米价格低等因素使东北地区玉米市场需求逐步走低，大部分玉米进入国家临时收储，临时收储玉米量占玉米产量的比重从40%上升到近90%，临时收储成了玉米购销的主渠道。从销售渠道来看，临时收储玉米粮权属于国家，需由国家组织竞价拍卖销售。2014年，吉林省计划拍卖临时收储玉米2584万吨，实际成交894万吨，成交率34.7%。2015年吉林省临时收储玉米竞价销售从5月7日开始，截至7月9日（每周一期，共10期），计划销售临时收储玉米1432万吨，实际成交123万吨，成交率仅为8.6%。从竞拍情况来看，受加工行业普遍亏损、进口替代逐步增多、市场需求持续低迷等因素制约，临时收储玉米拍卖的成交量逐步下滑，临时收储玉米顺价销售十分困难。

2016年3月，东北地区玉米购销由"政策性收购"改为"市场化收购"。玉米价格回归市场后，东北玉米因其品质高、价格低等优势而重启北粮南运格局。其中本地消费量（玉米深加工企业消费量、饲料企业消费量）

约占总收购量的 33%，外运销售量（下海量、汽运至华北量、外运至西北和西南地区量）约占总收购量的 33%，一次性储备量（中储粮一次性储备量）约占总收购量的 20%，其余（东北贸易商囤购量、南方企业东北库存量等）约占 14%。自玉米供给侧结构性改革以来，玉米去库存进程加快，2017 年成交 5800 万吨；2018 年成交 1 亿吨，是去库存数量最多的一年；受非洲猪瘟影响，2019 年成交数量大幅度减少，只有 2192 万吨。2017—2019 年东北地区玉米出口恢复到 6.98 万吨。

第三节　东北地区玉米转化情况

1984 年以后，东北地区开始出现玉米过剩的问题，以此为背景开始发展玉米转化产业，包括过机转化和过腹转化。过机转化是指发展玉米加工业，过腹转化是指发展以玉米为主要饲料的畜牧业。

一、东北地区玉米过机转化情况

20 世纪 80 年代中期，东北地区玉米跨越式的增长，给玉米流通体系及流通设施带来了猝不及防的压力，玉米卖不了、储不下、运不出问题凸显。在这种背景下，东北地区开始实施玉米转化工程，玉米过机转化是玉米转化的重要途径之一。东北地区玉米加工业最初起步于各玉米主产县的淀粉厂，以玉米淀粉加工为主导产品，生产规模较小。20 世纪 90 年代，东北地区玉米加工处在以淀粉为基本产品的水平上，玉米加工产品的单一性和初级性是该阶段东北地区玉米加工业的主要特点。这一时期，淀粉加工企业竞争激烈，企业间通过降低价格进行恶性竞争，使得玉米加工业并没有发展成为价值增值的产业。

21 世纪以来，一些加工企业吸取 20 世纪末产品低水平竞争的教训，开始推出具有自主知识产权的新产品，一批具有百万吨以上加工能力的加工企业开始出现。东北地区玉米加工在产业研发、生产工艺、技术装备、产品质量、市场占有率等方面处于国内领先地位。玉米加工产品主要涉及两大领域，分别是玉米深加工领域和以玉米为原料的乙醇酒精生物能源领域。2003年以来，在全球石油能源危机和国家政策扶持背景下，东北地区玉米加工业发展速度加快、发展规模壮大，一批玉米工业园应运而生，如黑龙江青冈玉米工业园、吉林长春玉米工业园、辽宁沈阳玉米工业园等。玉米加工产品由初级产品向深加工产品转化，如吉林省的大成集团、黄龙公司、赛力事达等企业注重将引进技术与扩大企业规模相结合，成为国内具有竞争力和影响力的大型玉米加工企业。2000—2008年，东北地区玉米淀粉产量由101.78万吨增加到375.30万吨，年平均递增17.72%，转化玉米量由152.67万吨增长到562.95万吨，其中吉林省玉米淀粉产量平均占东北地区玉米淀粉产量的近80%（见表3-5）。截至2008年末，吉林省玉米加工产能约占全国的四分之一，共计超过1400万吨。不仅如此，其拥有400多种加工产品，均为对淀粉、淀粉糖、酒精、化工醇及食品的加工所得。同时，还拥有10家年加工能力在50万吨以上的玉米加工企业，其中长春大成年玉米加工能力（吉林境内）达到420万吨，吉林燃料乙醇年产能170万吨。

表3-5　2000—2008年东北地区玉米淀粉产量和转化玉米量情况

（单位：万吨）

年份	东北地区		内蒙古		辽宁		吉林		黑龙江	
	淀粉产量	玉米转化量	淀粉产量	玉米转化量	淀粉产量	玉米转化量	淀粉产量	玉米转化量	淀粉产量	玉米转化量
2000	101.78	152.67	3.25	4.88	16.28	24.42	80.38	120.57	1.87	2.81
2001	113.05	169.58	3.34	5.01	10.42	15.63	93.75	140.63	5.54	8.31
2002	143.23	214.85	9.69	14.54	128.23	192.35	3.39	5.09	1.92	2.88
2003	142.27	213.41	0.00	0.00	9.62	14.43	131.00	196.50	1.65	2.48
2004	162.89	244.34	5.60	8.40	5.60	8.40	149.49	224.24	2.20	3.30
2005	201.58	302.37	4.90	7.35	5.24	7.86	189.00	285.00	2.44	3.66

续表

年份	东北地区		内蒙古		辽宁		吉林		黑龙江	
	淀粉产量	玉米转化量	淀粉产量	玉米转化量	淀粉产量	玉米转化量	淀粉产量	玉米转化量	淀粉产量	玉米转化量
2006	227.71	341.57	14.40	21.60	5.35	8.03	205.00	307.50	2.96	4.44
2007	276.90	415.35	20.60	30.90	50.20	75.30	203.30	304.95	2.80	4.20
2008	375.30	562.95	0.00	0.00	55.20	82.80	317.80	476.70	2.30	3.45

数据来源：根据布瑞克农业数据库有关数据计算整理得出。

2008—2016 年，国家在东北地区实施了玉米临时收储政策，使得玉米价格高涨，对玉米深加工企业造成了较大冲击。这一期间，黑龙江省具有近 900 万吨的玉米年深加工能力，但实际年加工量仅 500 万吨左右。2012—2014 年，吉林省玉米深加工行业实现产值分别为 830 亿元、690 亿元和 630 亿元，行业利润大幅下滑；行业亏损分别为 2.1 亿元、7.4 亿元和 10.54 亿元，连续三年累计亏损 20.04 亿元。为了回避成本压力，许多深加工企业压缩产能，处于停产或半停产状态。内蒙古酒精行业限产约 60%，生产酒精亏损 100—200 元 / 吨。淀粉行业限产约 50%，同样处于亏损状态。

2016 年 3 月，国家实施"价补分离"政策，玉米临时收储政策退出历史舞台，玉米价格回归市场，玉米原料成本降低，玉米下游加工企业迎来了发展的契机。2017 年，仅看淀粉、乙醇等玉米深加工能力，东北地区能达到近 4000 万吨，次年更是在 2017 年的基础上增加了 600 万吨。就吉林省而言，2017 年上半年吉林省 14 家玉米加工重点企业满负荷生产，玉米加工量增长了 20% 以上，平均利润同比增长 1 倍。目前，吉林省玉米加工能力在 1500 万吨左右，实际加工量大约 1250 万吨，主产品有酒精、淀粉、淀粉糖、赖氨酸 4 大系列 30 多个品种。在玉米加工产品结构中，淀粉占四分之三。2018 年，就黑龙江省而言，其玉米深加工能力占全国的 10% 左右，总体共计 2000 万吨。其中，哈尔滨、齐齐哈尔、大庆、绥化 4 个玉米产区深加工消耗玉米量占全省的四分之三左右。乙醇是黑龙江省的主要玉米深加工产品。此外，黑龙江省有玉米食品加工企业 15 家，这些企业多为中小型企业，年加工玉米约 15 万吨，速冻玉米、玉米方便食品、玉米汁饮料、玉米挂面是其生产的主要玉米加工食品。综上可见，东北地区玉米加工业中占据主体地位的仍然是初级产品，产品同质化现象严重，产业链条短，产品市场竞争激烈，没能充分发挥玉米的经济属性和内在价值。

近 20 年，东北地区玉米工业消费由 1998 年的 468.48 万吨增加到 2018 年的 6784.74 万吨，增加了 6316.26 万吨。其中，内蒙古玉米工业消费由 1998 年的 25.08 万吨增加到 2018 年的 329.94 万吨，增加了 304.86 万吨；辽宁玉米工业消费由 1998 年的 72.05 万吨增加到 2018 年的 712.74 万吨，增加了 640.69 万吨；吉林玉米工业消费由 1998 年的 299.4 万吨增加到 2018 年的 2268.49 万吨，增加了 1969.09 万吨；黑龙江玉米工业消费由 1998 年的 71.95 万吨增加到 2018 年的 3473.57 万吨，增加了 3401.62 万吨。黑龙江玉米工业消费的绝对量增加的最多，内蒙古玉米饲用消费的绝对量增加的最少（见图 3-7）。就东北地区玉米工业消费占玉米总消费的比重而言，1998 年为 33.47%，2018 年上升至 65.89%，上升了 32.42 个百分点。其中，内蒙古玉米工业消费占总消费的比重由 1998 年的 23.70% 上升至 2018 年的 40.27%，上升了 16.57 个百分点；辽宁玉米工业消费占总消费的比重由 1998 年的 18.43% 上升至 2018 年的 45.57%，上升了 27.14 个百分点；吉林玉米工业消费占总消费的比重由 1998 年的 58.36% 上升至 2018 年的 68.51%，上升了 10.15 个百分点；黑龙江玉米工业消费占总消费的比重由 1998 年的 18.45% 上升至 2018 年的 75.46%，上升了 57.01 个百分点。可见，从相对值来看，黑龙江的玉米工业消费相对值上升最多。1998—2018 年吉林玉米工业消费比重平均值为 72.73%，远远高于东北地区其他省（区），2016 年以来黑龙江玉米工业消费比重超过吉林省，达到 75% 以上（见图 3-8）。

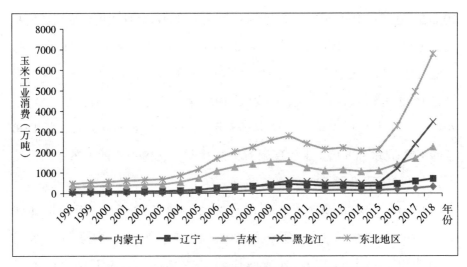

图 3-7 1998—2018 年东北地区玉米工业消费情况

数据来源：根据布瑞克农业数据库有关数据计算整理得出。

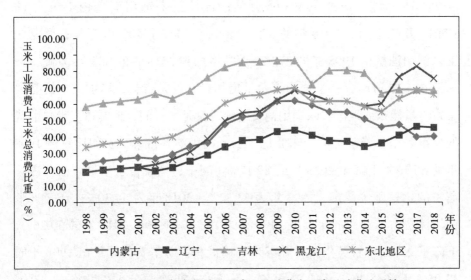

图 3-8 1998—2018 年东北地区玉米工业消费占玉米总消费比重情况

数据来源：根据布瑞克农业数据库有关数据计算整理得出。

二、东北地区玉米过腹转化情况

玉米作为饲料之王，为其主产区畜牧业的发展提供了天然的资源条件。

20 世纪 80 年代中后期以来，东北地区加大玉米过腹转化力度，加快畜牧业发展进程。根据《中国统计年鉴（2020 年）》数据计算所得，2019 年，东北地区猪牛羊肉类总产量达到 810.2 万吨，禽蛋总产量达到 601.8 万吨，奶类总产量达到 1224.6 万吨，分别是 1990 年的 3.71 倍、5.31 倍、7.20 倍。2019 年，东北地区生猪发展到 3450.8 万头，年出栏 6061.2 万头，是 1990 年的 1.24 倍和 3.06 倍。牛发展到 1696.9 万头，是 1990 年的 1.76 倍；羊发展到 7929.1 万只，是 1990 年的 2.09 倍。

近 20 年，东北地区玉米饲用消费由 1998 年的 791.55 万吨增加到 2018 年的 2998.94 万吨，增加了 2207.39 万吨。其中，内蒙古玉米饲用消费由 1998 年的 56.64 万吨增加到 2018 年的 444.89 万吨，增加了 388.25 万吨；辽宁玉米饲用消费由 1998 年的 282.49 万吨增加到 2018 年的 786.15 万吨，增加了 503.66 万吨；吉林玉米饲用消费由 1998 年的 174.19 万吨增加到 2018 年的 883.92 万吨，增加了 709.73 万吨；黑龙江玉米饲用消费由 1998 年的 278.23 万吨增加到 2018 年的 883.98 万吨，增加了 605.75 万吨。玉米饲用消费量增加最多的是吉林，增加最少的是内蒙古。虽然东北地区玉米饲用消费的绝对量是增长的，但是占玉米总消费的比重是呈下降趋势的。东北地区玉米饲用消费占总消费的比重由 1998 年的 56.55% 下降至 2018 年的 29.12%。其中，内蒙古玉米饲用消费占总消费的比重基本稳定，1998 年为 53.53%，2018 年为 54.30%；辽宁玉米饲用消费占总消费的比重由 1998 年的 72.28% 下降至 2018 年的 50.26%，下降了 22.02 个百分点；吉林玉米饲用消费占总消费的比重由 1998 年的 33.95% 下降至 2018 年的 26.69%，下降了 7.26 个百分点；黑龙江玉米饲用消费占总消费的比重由 1998 年的 71.35% 下降至 2018 年的 19.20%，下降了 52.15 个百分点。可见，从相对值来看，黑龙江的玉米饲用消费下降最多（见表 3-6）。

表 3-6 1998—2018 年东北地区玉米饲用消费情况

年份	东北地区		内蒙古		辽宁		吉林		黑龙江	
	饲用消费（万吨）	饲用消费占总消费比重（%）	饲用消费（万吨）	饲用消费占总消费比重（%）	饲用消费（万吨）	饲用消费占总消费比重（%）	饲用消费（万吨）	饲用消费占总消费比重（%）	饲用消费（万吨）	饲用消费占总消费比重（%）
1998	791.55	56.55	56.64	53.53	282.49	72.28	174.19	33.95	278.23	71.35
1999	816.04	54.91	58.40	52.37	291.22	71.13	179.58	32.28	286.84	70.15
2000	841.28	54.45	60.20	52.59	300.23	70.86	185.14	31.57	295.71	70.32
2001	867.28	53.33	62.06	51.63	309.51	70.11	190.86	30.51	304.85	69.43
2002	930.29	53.67	71.54	54.11	389.66	73.83	172.95	27.21	296.14	67.65
2003	885.79	51.78	62.93	50.45	353.50	71.43	212.34	30.76	257.02	64.12
2004	917.19	47.24	65.52	47.36	366.29	67.99	221.13	26.79	264.25	60.20
2005	932.77	41.44	86.94	49.02	407.04	65.13	192.59	19.60	246.20	52.88
2006	969.40	34.26	77.23	39.07	476.96	61.27	191.43	14.43	223.78	42.45
2007	939.40	30.08	74.92	35.03	475.52	57.55	178.99	11.82	209.97	36.93
2008	1025.60	29.83	81.79	34.43	519.16	57.41	195.41	11.66	229.24	36.89
2009	1048.40	27.83	83.61	28.83	530.70	54.25	199.75	11.32	234.34	31.91
2010	1080.11	26.91	86.14	28.70	546.75	53.95	205.80	11.38	241.42	27.08
2011	1109.84	28.20	88.51	29.88	561.80	54.80	211.46	12.16	248.07	28.35
2012	1152.52	33.19	93.38	33.12	573.92	58.11	223.28	16.20	261.94	31.76
2013	1194.85	33.13	96.10	32.85	604.23	58.44	227.15	15.94	267.37	31.27
2014	1272.59	36.04	107.70	36.55	648.68	61.70	232.33	17.22	283.88	33.97
2015	1538.32	39.56	144.13	42.54	608.78	59.23	509.80	30.47	275.61	32.48
2016	1692.51	32.71	176.46	43.09	628.89	54.85	584.06	28.52	303.10	19.30
2017	2126.07	29.19	330.50	53.84	635.69	49.89	726.66	29.15	433.22	14.93
2018	2998.94	29.12	444.89	54.30	786.15	50.26	883.92	26.69	883.98	19.20

数据来源：根据布瑞克农业数据库有关数据计算整理得出。

历经 20 世纪 80 年代至 21 世纪初 20 多年的发展，东北地区玉米产业在市场结构、销售方式、产品加工、流通主体等方面发生了根本性的变化。玉米市场由买方市场转向卖方市场；玉米销售由外销为主转向内销为主；玉米加工由主产品为主转向主副产品并进；玉米流通主体由一元独占转向多元并存。在东北地区玉米产业发展的 40 多年历程中，有三分之二的时间处于外延式扩大状态。扩大玉米的种植面积、增加玉米生产要素的投入均为玉米生产环节外延式扩大的表现形式。1978—2019 年东北地区玉米播种面积占粮食作物总播种面积的比重已由 30.43% 上升至 54.61%。目前这种外延式扩大已至边界，玉米种植中化肥的施用量已处于边际收益递减状态，玉米种植开始由外延扩大向抗逆性作物品种培育、测土施肥、增加栽培密度、加强农田水利设施建设等内涵提升转变。在玉米加工业中，玉米产业链条不断延长，玉米加工产品中精深加工产品比重上升，由以价值低的初加工产品淀粉为主向附加值高的精深加工产品转变。在资源约束条件下，为了提升玉米产业效益、提高玉米及其加工产品市场竞争力，实现外延式扩大向内涵式高质量发展转变是东北地区玉米产业发展的必然选择。

本章在对玉米产品特性进行分析的基础上，以国内外玉米市场供求关系变化为背景，剖析了东北地区玉米产业发展状况，通过对以产业链方式存在的玉米产业 40 多年发展历程的研究，揭示东北地区玉米产业动态变化规律。得出如下结论。

第一，从东北地区的玉米生产来看，就玉米产量而言，改革开放以来东北地区玉米产量明显提高。1978—2019 年，全国玉米产量净增加的近 48% 都是东北地区贡献的。尤其是 2008 年以来我国玉米产量增长中，东北地区的贡献达到了 57%。就玉米播种面积而言，自 1978 年以来，呈现出波动式上升趋势。1978—2019 年东北地区的玉米播种面积占全国玉米播种面积的比重保持在 25%—40%。就玉米单产而言，1978 年以来（除 2000 年），东北地区玉米单产均高于全国平均单产水平。2017 年东北地区玉米单产达到历史最高点，同期全国玉米单产也达到了顶峰，但东北地区玉米单产比全国高 12 个百分点。东北地区玉米生产的发展主要来自优越的自然资源禀赋、社会需求的驱动、国家玉米宏观调控政策的拉动和科技进步的带动。就玉米人均占有量而言，东北地区高于全国平均水平 1 倍以上，其中吉林省玉米人均占有量是全国平均水平的 5.89 倍，是全国唯一一个超过 1000 千克 / 人的省。就玉米成本利润率而言，1998—2019 年，东北地区玉米的成本利润率在波动中下降，平均为 22.08%，比全国高 3.83 个百分点。玉米成本利润率下降的主要原因在于玉米生产成本的大幅度上升。近 20 年，东北地区中辽宁省的玉米成本利润率下降得最多，其次为黑龙江省，再次为吉林省，最后为内蒙古自治区。

第二，从东北地区的玉米流通来看，20 世纪 50—70 年代，口粮消费是玉米的主要消费渠道，东北地区玉米基本处于自产自销状态。20 世纪八九十年代，南方畜牧业快速发展，按照国家计划每年有数百万吨玉米从东北调往南方各省，呈现北粮南运格局。2004 年之后受国家政策引导，东北地区玉米加工业迅速发展，东北地区玉米的本地消费增加，外运减少。2016 年 3 月，东北地区玉米购销由“政策性收购”改为“市场化收购”。玉米价格回归市场后，东北玉米因其品质高、价格低等优势而重启北粮南运格局。自玉米供给侧结构性改革以来，玉米去库存进程加快，2018 年是去库存数量最多的一年。

第三，从东北地区的玉米转化来看，玉米转化包括过机转化和过腹转化。过机转化就是发展玉米加工业，过腹转化就是发展以玉米为主要饲料的畜牧业。针对玉米过机转化，东北地区玉米加工业最初依托于不同主产县域的玉米淀粉厂，以玉米淀粉加工为主导产品，生产规模较小。20 世纪 90 年代，东北地区玉米加工处在以淀粉为基本产品的水平上，玉米加工产品的单一性和初级性是该阶段东北地区玉米加工业的主要特点。21 世纪以来，一些加工企业开始推出具有自主知识产权的新产品，一批具有百万吨以上加工能力的加工企业开始出现。玉米加工产品主要涉及两大领域，分别是玉米深加工领域和以玉米为原料的乙醇酒精生物能源领域。2008—2016 年，国家在东北地区实施了玉米临时收储政策，使得玉米价格高涨，对玉米深加工企业造成了较大冲击。国家于 2016 年 3 月实施"价补分离"政策，玉米临时收储政策退出历史舞台，玉米原料成本降低，下游加工企业迎来了发展的契机。就玉米过腹转化而言，近 20 年，东北地区玉米饲用消费增加了近 3 倍，但是占玉米总消费的比重却呈现出下降趋势，下降了27.43 个百分点。

第四，历经 20 世纪 80 年代至 21 世纪初 20 多年的发展，东北地区玉米产业在市场结构、销售方式、产品加工、流通主体等方面发生了根本性的变化。玉米市场由买方市场转向卖方市场；玉米销售由外销为主转向内销为主；玉米加工由主产品为主转向主副产品并进；玉米流通主体由一元独占转向多元并存。在东北地区玉米产业发展的 40 多年历程中，有三分之二的时间是处于外延式扩大状态，实现外延式扩大向内涵式高质量发展转变是东北地区玉米产业发展的必然选择。

第四章　玉米临时收储政策的终结与"价补分离"政策的替代

玉米是我国播种面积最大和产量最高的粮食作物，是我国主要的饲料原料和重要的工业原料。进入 21 世纪以来，国家强化了对玉米的宏观调控，先后实施了玉米临时收储政策和"价补分离"政策。为了厘清不同政策替代的内在机理，本章重点分析玉米临时收储政策出台的背景、政策目标的初衷及其释放的正负效应，分析其替代品——"价补分离"政策的目标指向及其框架和机制。

第一节　玉米临时收储政策

一、玉米临时收储政策的出台背景

我国玉米临时收储政策始于 2008 年，该项政策在以下背景下出台。

其一，粮食产量阶段性下降，人均粮食占有量水平低。1998—2003 年我国粮食产量连续下降。1998 年我国粮食产量 5.1 亿吨，2003 年下降到 4.3 亿吨，仅 5 年时间，粮食产量减少了 0.8 亿吨，下降了 15.7%。为了调动农民种粮积极性，增加粮食产量，2004 年后国家相继实施了一系列支农惠农政策，如给予农民粮食直接补贴、免除农业税等，粮食生产得以恢复发展。2007 年我国粮食产量恢复到 5 亿吨水平，基本达到 1998 年粮食产量水平，但是人均粮食占有量只有 381 千克，仍低于 1998 年人均粮食占有量 410 千克的水平（见图 4-1、图 4-2）。因此，激发粮农生产积极性、保证粮食有效供给，仍然是国家粮食政策的主要目标。

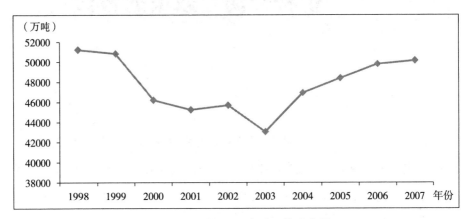

图 4-1　1998—2007 年我国粮食产量

数据来源：《中国统计年鉴（1999—2008 年）》。

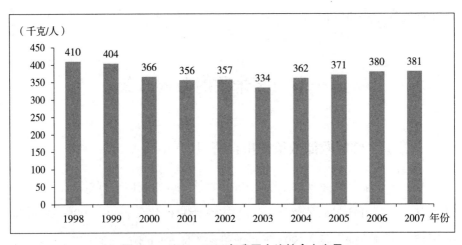

图 4-2　1998—2007 年我国人均粮食占有量

数据来源：《中国统计年鉴（1999—2008 年）》。

其二，在玉米工业消费需求的强拉动下，我国玉米市场出现了供给紧张的态势。2003 年我国玉米产量 11583.00 万吨，玉米消费量达到 11614.68 万吨，消费量超过产量 31.68 万吨。此后，虽然玉米产量高于其消费量，但两者的差距很小。2007 年我国玉米产量仅比消费量多 349 万吨。2003—2007 年，口粮消费占玉米总消费的比重由 7.92% 下降到 6.32%，下降了 1.60 个百分点；种用消费占玉米总消费的比重变化较小，由 0.90% 降至 0.89%；饲用消费占玉米总消费的比重由 79.12% 下降到 63.71%，下降了 15.41 个百分点；工业消费占玉米总消费的比重由 12.05% 上升到 29.09%，上升了 17.04 个百分点（见表 4-1）。就玉米出口而言，2003 年我国玉米出口量为 1640 万吨，2007 年下降到 492 万吨，2008 年出口玉米仅有 27 万吨，几乎进入零出口状态（见图 4-3）。面对玉米工业消费量的迅速增长、国内玉米供求紧张情况的出现，2007 年 9 月国家发改委发布了《关于促进玉米深加工业健康发展的指导意见》。该意见要求严格控制玉米深加工业产能规模盲目扩张，从保障国家粮食安全的全局利益出发，原则上不再批准玉米主产区新建玉米深加工项目。增加玉米供给，满足日益增长的玉米多种消费需求十分必要。

表 4-1　2003—2007 年我国玉米生产和消费情况

年份	玉米产量（万吨）	玉米消费量（万吨）	口粮消费占总消费比重（%）	种用消费占总消费比重（%）	饲用消费占总消费比重（%）	工业消费占总消费比重（%）
2003	11583.00	11614.68	7.92	0.90	79.12	12.05
2004	13028.70	12040.57	7.72	0.92	76.41	14.95
2005	13936.50	12893.62	7.17	0.92	72.52	19.39
2006	15160.30	14306.40	6.54	0.85	67.10	25.51
2007	15230.00	14881.00	6.32	0.89	63.71	29.09

数据来源：根据布瑞克农业数据库有关数据计算整理得出。

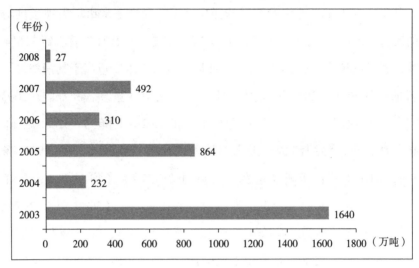

图 4-3　2003—2008 年我国玉米出口量

数据来源：《中国统计年鉴（2004—2009 年）》。

　　其三，进入 21 世纪以来，玉米种植成本呈现刚性增长趋势，粮农增收面临挑战。在农业生产资料价格不断攀升、种粮机会成本增加和土地成本上涨的多重力量作用下，玉米种植总成本呈现出刚性增长的态势。2000—2007 年，全国平均玉米总成本从 330.56 元 / 亩上升至 449.70 元 / 亩，年均增长 4.50%。其中生产成本从 285.30 元 / 亩上升至 358.52 元 / 亩，年均增长 3.32%；土地成本从 45.26 元 / 亩升至 91.18 元 / 亩，年均增长 10.52%。就生产成本而言，2000—2007 年全国玉米生产成本中，物质与服务费用、人工成本均呈现明显上升趋势。其中，机械作业费增加幅度最大，由 14.70 元 / 亩上升到 34.34 元 / 亩，年均增长 12.89%；农药费由 4.08 元 / 亩上升到 7.96 元 / 亩，年均增长 10.02%；种子费由 15.40 元 / 亩上升到 26.92 元 / 亩，年均增长 8.31%；化肥费由 57.86 元 / 亩上升到 88.43 元 / 亩，年均增长 6.25%。对比其他费用，人工成本费增长幅度最小，由 124.00 元 / 亩上升到 159.78 元 / 亩，年均增长 3.69%（见图 4-4）。

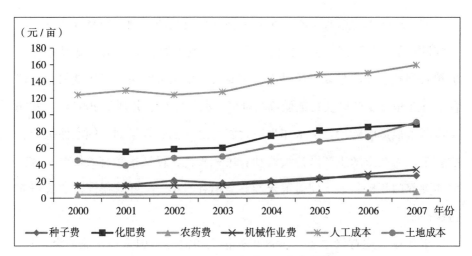

图 4-4　2000—2007 年我国玉米成本情况

数据来源:《全国农产品成本收益资料汇编（2001—2008 年）》。

玉米成本的上升使玉米种植农户增收面临挑战。2000—2007 年全国玉米成本利润率平均为每亩 31.63%。其中 2000 年最低，仅 12.63%/ 亩，比 1992—1999 年全国玉米成本利润率每亩 46.19% 的平均水平低 14.56 个百分点。1994 年全国玉米成本利润率最高，为 83.83%/ 亩，比 2000 年高 71.20 个百分点（见图 4-5）。

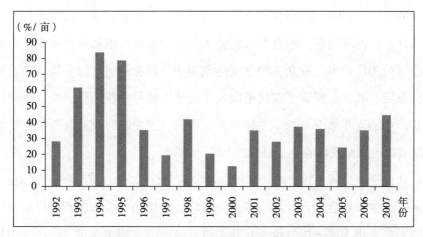

图 4-5　1992—2007 年我国玉米成本利润率情况

数据来源:《全国农产品成本收益资料汇编（1993—2008 年）》。

其四，新世纪以来稻谷、小麦价格支持政策的驱动。2004 年 5 月，国务院发布了《关于进一步深化粮食流通体制改革的意见》。该意见要求为维护粮农利益、保障粮食市场供应，必要时可由国务院决定对短缺的重点粮食品种在粮食主产区实行最低收购价格。稻谷和小麦分别于 2005 年、2006 年实行了最低收购价，玉米作为三大谷物之一仍然未被划入国家保护价收购政策。为在玉米主产区持续调动农民积极性，保证粮食有效供给，该区域相关部门积极争取，使得玉米能够与稻谷、小麦一样获得同样的价格支持保护。

正是在上述背景之下，2008 年秋粮上市之际，国家在东北的黑龙江、吉林和辽宁三省及内蒙古自治区实施了玉米临时收储政策。

二、玉米临时收储政策的目标和内容

（一）玉米临时收储政策的目标

基于玉米临时收储政策出台的分析可知，1999—2003 年我国粮食产量减少了 8 000 万吨，降幅达到 15.7%，全国粮食产量回归到了 20 世纪 90 年代初的水平。2004 年以来国家实施了一系列支农惠农政策，粮食产量恢复性增长。如何继续保持粮食增长的势头，调动农民种粮积极性成为粮食安全决策的关注热点。在众多粮食支持政策中，最直接的高效手段就是价格支持政策，其首先保障了农民的收入，促使农民种粮积极性高涨，也使得粮食产量的连年攀升获取了主体保证。因此，玉米临时收储政策主要建立于粮食增产和粮农增收两个目标之上。

从理论上分析，粮食增产和粮农增收两个目标之间是存在内在矛盾的。图 4-6 反映了粮食产量效用与粮农种植收益效用随产量增加的变化曲线情况。当玉米供不应求时，由于存在未被满足的玉米需求，以"增产"为目标的玉米临时收储政策在促进玉米增产的同时可以带动农民增收，所以双重目标得以实现。但是，当玉米产量超过均衡水平供大于求时，玉米市场均衡价格会随着玉米产量的增长而下降，而基于玉米生产成本和基本收益制定的临时收储价格往往高于市场均衡价格，在临时收储价格的保护下，会进一步引发玉米的供大于求。因此，这种情况下要同时实现增产和增收目标，政府必将付出巨大的财政支出代价。忽略市场供求关系的玉米临时收储政策必然走向极致，无法持续。

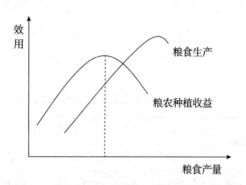

图4-6 粮食增产与粮农增收目标之间的矛盾

（二）玉米临时收储政策的内容

2008年，国家发改委联合各有关部门发布《关于对部分重要商品及服务实行临时价格干预措施的实施办法》，该办法指出在东北三省一区实施玉米临时收储政策。

第一，政策内涵。玉米临时收储政策的基本政策内涵是国家在东北三省及内蒙古自治区，按照每年一定的收购价格（临时收储价格）向农民敞开收购玉米。虽然临时收储价格有别于最低收购价，但从执行的实质来看，玉米临时收储价格与稻谷、小麦的最低收购价不存在实质性差异。

第二，收储时间和范围。玉米临时收储政策收购执行期间一般为新粮上市至次年4月底。规定的范围为东北三省一区，即黑龙江省、吉林省、辽宁省和内蒙古自治区东四盟（赤峰市、通辽市、呼伦贝尔市、兴安盟）。

第三，收购价格及数量。从收购价格来看，国家采取一年一定一公布的原则，主要以玉米种植成本和合理的种植效益为基础来确定玉米临时收储价格。由于玉米种植成本持续上升，玉米临时收储价格呈逐年上升态势，内蒙古和辽宁的玉米收购价格从 2008 年的 1520 元 / 吨上升到 2014 年的 2260 元 / 吨，涨幅为 48.68%；吉林的玉米收购价格从 2008 年的 1500 元 / 吨上升到 2014 年的 2240 元 / 吨，涨幅为 49.33%；黑龙江的玉米收购价格从 2008 年 1480 元 / 吨上升到 2014 年的 2220 元 / 吨，涨幅为 50.00%。2015 年国家首次下调玉米临时收储价格，政策实施区域的玉米收购价格均下调至 2000 元 / 吨（见表 4-2）。2016 年该项政策被取消。

表 4-2　2008—2015 年我国临时收储玉米收购价格情况　（单位：元 / 吨）

年份	公布时间	收购价格			
		内蒙古	辽宁	吉林	黑龙江
2008	2008.10.20	1520	1520	1500	1480
2009	2009.11.27	1520	1520	1500	1480
2010	2011.01.17	1820	1820	1800	1780
2011	2011.12.14	2000	2000	1980	1960
2012	2012.11.15	2140	2140	2120	2100
2013	2013.07.03	2260	2260	2240	2220
2014	2014.11.25	2260	2260	2240	2220
2015	2015.09.17	2000	2000	2000	2000

注：临时收储价格为国标三等。

数据来源：国家粮食和物资储备局。

从收购数量来看，2008 年国家先后下达三批收储计划：第一批是 2008 年 10 月下旬，计划收购数量为 500 万吨；第二批是 2008 年 12 月初，计划收购数量为 500 万吨；第三批是 2008 年 12 月下旬，计划收购量为 2000 万吨；2009 年 2 月中旬国家下达了第四批收储计划，计划收购数量为 1000 万吨（见表 4-3）。自 2008 年 10 月至 2009 年 2 月国家共收储玉米 4000 万吨，其中，吉林省为 1730 万吨，黑龙江省为 910 万吨，辽宁省为 730 万吨，内蒙古自治区为 630 万吨。此后，国家改计划收购为敞开收购。

表 4-3　我国临时收储玉米计划收购数量情况

批次	公布时间	收购数量（万吨）
第一批	2008.10.20	500
第二批	2008.12.03	500
第三批	2008.12.25	2000
第四批	2009.02.19	1000

数据来源：根据公开资料整理所得。

第四，执行主体和经费保障。玉米临时收储政策由国家指定的收购企业负责执行，中储粮为执行主体，中粮集团、中纺集团、中航工业集团等为补充力量。国家对在玉米临时收储政策执行期间按不低于临时收储价到东北区购买玉米的销区企业给予一定的补贴，以此鼓励销区地方储备粮公司和玉米加工企业购买东北产区玉米。中国农业发展银行负责向按临时收储价收购玉米的企业发放贷款；省级人民政府从粮食风险基金中支付地方储备粮公司发生的玉米收储费用及贷款利息；中央财政拨付中储粮发生的玉米收储费用及贷款利息。

第五，临时收储玉米销售。临时收储玉米遵循顺价销售原则，销售底价根据临时收储价格、收购费用、其他必要费用之和来确定。临时收储玉米通过粮食批发市场或者网上公开竞价的方式销售。从实际销售情况来看，临时收储玉米成交量较少。2014 年国家储备玉米拍卖数量 11201.19 万吨，实际成交量为 2979.43 万吨，成交率 26.6%；2015 年国家储备玉米拍卖数量 11912.13 万吨，实际成交量为 507.50 万吨，成交率仅为 4.26%。临时收储玉米销售的盈利额和亏损额均由中央财政收支，即盈利额上缴中央财政，亏损额由中央财政负担。

三、玉米临时收储政策的"双重"效应

通过国家粮食储备吞吐调控玉米市场是我国玉米临时收储政策作用的机制。当市场玉米供不应求时，国家粮食储备进行抛售；当市场玉米供过于求时，国家粮食储备实施收储。玉米临时收储政策实施以来，国家累计实际收购临时收储玉米约 2.5 亿吨。从政策实施效果来看，玉米市场受玉米临时收储政策的影响较大，该项政策表现出明显的"政策性收购"特征，甚至左右了玉米市场的走向。一方面玉米临时收储政策的正面作用十分明显，另一方面政策实施过程中的矛盾也日益凸显。

（一）玉米临时收储政策的正面效应

粮食增产和粮农增收是玉米临时收储政策的两大政策目标。从政策实施效果来看，已较为充分地实现了上述两个目标。

第一，从粮食增产目标来看，2008—2015 年，我国玉米播种面积从 29864 千公顷增加到 38119 千公顷，增幅达 27.64%；单产由 5556 千克/公顷提高到 5893 千克/公顷，增长 6.07%；总产量由 16591 万吨增加到 22463 万吨，增幅达 35.39%。2008 年玉米播种面积占全国粮食总播种面积的比重为 27.96%，2015 年这一比重上升至 33.63%，提高了 5.67 个百分点；2008 年玉米产量占全国粮食总产量的比重为 31.38%，2015 年这一比重上升至 36.15%，提高了 4.77 个百分点，全国粮食增产的 60% 以上来自玉米的贡献。就东北三省和内蒙古自治区而言，2008—2015 年，该区域玉米播种面积增加了 43.79%，占全国玉米总播种面积的比重由 35.97% 上升至 40.52%；玉米产量增加了 53.79%，占全国玉米总产量的比重由 39.21% 上升

至 44.54%。玉米临时收储政策执行后，东北地区玉米主产区的地位更加突出（见表 4-4）。全国粮食增产的 40.37% 来自东北地区，而东北地区粮食增产的 93.47% 来自玉米。可见，玉米临时收储价格的强力拉动，促使玉米成为我国粮食增产的顶梁柱。

表 4-4　2008—2015 年我国玉米生产发展状况

年份	全国			东北产区		
	播种面积（千公顷）	单产（千克/公顷）	总产量（万吨）	播种面积（千公顷）	单产（千克/公顷）	总产量（万吨）
2008	29864	5556	16591	10741	6056	6505
2009	31183	5258	16397	11383	5302	6035
2010	32500	5454	17725	11994	5790	6945
2011	33542	5747	19278	12526	6393	8007
2012	35030	5870	20561	13515	6418	8675
2013	36318	6016	21849	14363	6701	9625
2014	37123	5809	21565	14839	6358	9434
2015	38119	5893	22463	15445	6477	10004

数据来源：《中国统计年鉴（2009—2016 年）》。

第二，从粮农增收目标来看，由于玉米临时收储价格随玉米种植成本增加而上涨，因此玉米临时收储政策实施以来，农民可以以较高的价格出售玉米，"卖粮难"状况得以缓解，种粮收入持续增加。2014 年内蒙古玉米现金收益达到 853.94 元/亩，比 2007 年增加 433.14 元/亩，增长 102.93%；辽宁玉米现金收益达到 670.45 元/亩，比 2007 年增加 248.51 元/亩，增长 58.90%；吉林玉米现金收益达到 624.18 元/亩，比 2007 年增加 311.38 元/亩，增长 99.55%；黑龙江玉米现金收益达到 655.88 元/亩，比 2007 年增加 385.29 元/亩，增长 142.39%（见图 4-7）。

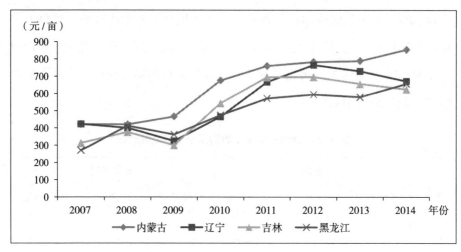

图 4-7　2007—2014 年东北各省（区）玉米现金收益

数据来源：《全国农产品成本收益资料汇编（2008—2015 年）》。

（二）玉米临时收储政策的负面效应

在商品供求市场中，商品价格具有"双刃剑"的作用。玉米临时收储政策在实现其政策目标的同时，也产生了不可低估的负面效应。

第一，种植业结构失衡加剧。就玉米临时收储政策执行区——东北地区的资源禀赋而言，其农业的最大优势是粮食生产。就粮食作物而言，适宜种植玉米、水稻、大豆等。科技的进步，使得玉米较其他作物而言在单产增幅方面的优势显著，进而带动了更多的农户种植玉米，大豆及杂粮作物种植面积则逐渐萎缩，传统的玉米—大豆轮作制度被单一的玉米连作制度取代。米豆种植失调已成为东北地区粮食种植结构中存在的问题。玉米临时收储政策实施以来，高位的玉米价格使得这种结构失调进一步加重。2008—2015 年，东北地区（内蒙古、辽宁、吉林、黑龙江）玉米种植面积增长了 43.79%。同期，大豆种植面积却减少了 40.12%。2008 年，东北地区玉米种植面积是大豆的 2.01 倍，2015 年扩大到 4.83 倍。通过上述数据可以看出，2008—2015 年增加的玉米种植面积主要来源于减少的大豆种植面积。农户做出"扩米减豆"行为选择的根源在于玉米与大豆的比较收益。2015 年内蒙古玉米单产 440.40 千克/亩，大豆单产 111.65 千克/亩；辽宁玉米单产 387.15 千克/亩，大豆单产 149.35 千克/亩；吉林玉米单产 492.23 千克/亩，大豆单产 119.94 千克/亩；黑龙江玉米单产 405.89 千克/亩，大豆单产 118.97 千克/亩（见图 4-8）。就单产而言，玉米是大豆的近 3.5 倍，而从价格来看，大豆几乎仅为玉米的 2 倍。由此可见，种植玉米的效益显著高于大豆。玉米临时收储政策实施以来，玉米与大豆的价格差进一步扩大，两者之间的净利润呈现出不断拉大的趋势（见图 4-9），加剧了东北地区种植业的结构失衡。

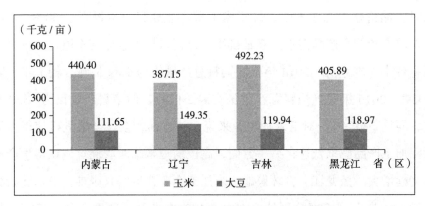

图 4-8 2015 年东北各省（区）玉米与大豆单产

数据来源：布瑞克农业数据库。

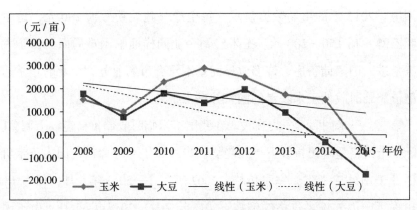

图 4-9 2008—2015 年东北地区玉米与大豆净利润

数据来源：根据《全国农产品成本收益资料汇编（2009—2016 年）》有关数据计算整理得出。

第二，玉米下游产业成本急剧提升。20世纪80年代后期以来，玉米消费结构随着人们生活水平的提高和膳食结构的改善而发生了变化。目前我国玉米消费占总量的比重集中在以下三个方面：饲料消费约占总量的61%，加工业原料约占总量的32%，用于主食消费的玉米约占总量的4%。由此可见，玉米消费的主体在于饲料消费和加工业原料消费，玉米消费结构实现了由主食型消费向原料型消费的转变。因此，玉米下游产业生产成本的高低在很大程度上取决于玉米价格的高低。2008—2014年，东北地区玉米下游产业一直承受着原料成本逐年攀升的压力。在此期间，临时收储价格上涨了60%，即玉米下游产业原料成本提高了60%。在高原料成本和低畜产品需求的双重挤压下，饲料加工企业苦不堪言，饲料产量呈现出下降趋势。2014年全国饲料总产量约为1.84亿吨，较上年下降5.07%。2015年我国饲料总产量虽突破2亿吨，但猪料产量仅为8350万吨，同比下降3%。对玉米加工业来说，一方面，全球金融危机使得人们对深加工产品需求低迷；另一方面，高位的玉米临时收储价格使得生产成本持续增大。黑龙江、吉林等地玉米加工企业普遍经营困难，玉米淀粉和乙醇加工企业开工率分别低至50%、40%左右，一些企业几近破产，陷入了玉米加工量、玉米加工产品价格、玉米销售收入和玉米利润"四降"的困境。2013年的市场数据显示，每生产一吨淀粉亏损200元，每生产一吨乙醇亏损150—200元。玉米经销企业同样面临困难局面。由于大部分玉米进入国家储备库，许多贸易商基本没有市场业务，企业的正常运转只能依靠临时收储玉米获得的国家补贴来维持。

第三，玉米国际竞争力丧失。在我国玉米临时收储价格连续上调期间，国际玉米价格呈现出持续下行的趋势。2013年上半年以前，国内玉米价格总体低于国外玉米到岸完税价格。2002年3月—2013年6月，仅有18个月出现了国内外玉米价格的倒挂。2013年7月—2014年11月，由于国际玉米价格持续大幅下滑，连续17个月的国外玉米到岸完税价格低于国内。

2013 年 7 月国内外玉米价差为 111 元 / 吨，2014 年 9 月扩大到近 1000 元 / 吨。面对进口玉米的低价优势，玉米进口连年增加，最高年份进口玉米突破 500 万吨（见图 4-10）。玉米临时收储政策一方面对国产玉米起到"托市"作用；另一方面对进口玉米起到"让市"作用。

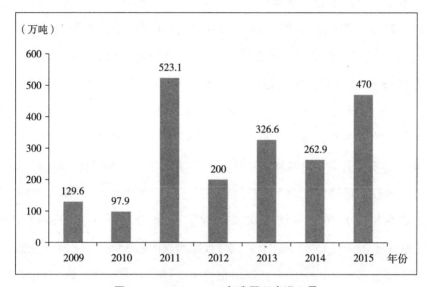

图 4-10　2009—2015 年我国玉米进口量

数据来源：根据中国海关统计数据整理所得。

由于玉米价格高，为控制成本，玉米加工企业选择进口价格相对较低的替代品，致使高粱、大麦、DDGS、木薯等玉米替代品进口数量明显增加。2014 年我国高粱进口达到了 1016 万吨，较 2013 年的 416 万吨增加了 600 万吨。大麦在饲料行业中虽然不能完全替代玉米，但巨大的价差，使得大麦进口量增加。2014 年大麦替代玉米数量为 700 万—715 万吨，较 2013 年新增替代 450 万吨。除此以外，木薯、DDGS 等其他玉米替代品的大量进口也对国内玉米市场产生了较大冲击，国产玉米的市场份额不断缩小。玉米及玉米替代品的大量进口、玉米加工业的萎缩使得国内玉米库存积压严重。截至 2016 年 3 月末，国产玉米库存积压总量已经达到 2.5 亿吨。国家财政年均拨款 600 亿元以上来为库存玉米的储存费用埋单，这种大量的浪费和消耗早已不堪重负。

第四，国产玉米大量库存积压，国家财政负担沉重。玉米临时收储政策遵循不限量收购、顺价销售的原则，由于收购成本过高，所以国家库存玉米难以顺价销售，玉米大量库存积压。根据国家粮油信息中心及布瑞克农业数据库提供的数据，2008—2012 年，我国国储玉米累计收购量高达 8983 万吨，而拍卖累计成交量仅为 3144.93 万吨，成交率仅为 35%，这意味着 5838.07 万吨国家储备玉米积压。2014 年全国玉米临时收储量达到 7612 万吨，当年拍卖成交量不足 40%，仅为 2979.43 万吨，假设成交的玉米全部为当年新粮，那么仍有 3939.57 万吨玉米无法顺价销售。2014 年全国玉米期末库存量为 17431.9 万吨，库存消费比高达 98.1%。2015 年国家储备玉米收购量达到 12543 万吨的新高峰，较上年上涨 64.78%，当年拍卖玉米成交量仅为 507.50 万吨，期末库存量达 24128.9 万吨，库存消费比为 129.6%（见表 4-5）。可见，玉米临时收储政策使大量国产玉米积压在粮库，给现有库容带来了巨大压力。东北粮食主产区出现收不进、调不动、销不出、储不下的现象，鉴于政府采取了社会库容、临时做囤、跨省移库等方式，虽短暂缓解了仓容吃紧的局面，但随着主销区玉米产量的提高，又产生了主销区玉米库存积压问题，玉米的库存压力并没有从根本上缓解。截至 2015 年 8 月末，据国家粮食局统计数据可知，全国各类粮食企业玉米库存同比增加约 53%，其中临时存储玉米实际库存同比增加约 69%。在仓储紧张的情况下，新收玉米没有空间存储且安全性面临挑战，如露天放置、仓库使用不合格设备存放新粮等，这种操作极易招致火灾，降低粮食品质。更有甚者，机械通风和电子测温等设备的缺失，导致仓库存储的新粮出现发热、结露、生虫、生霉等情况。

表 4-5　2008—2015 年我国玉米库存消费情况

年份	国储收购量 （万吨）	国储成交量 （万吨）	期末库存量 （万吨）	库存消费比 （%）
2008	3566	—	4526.0	28.4
2009	134	1481.67	3632.6	20.9
2010	1100	1649.76	3472.6	19.3
2011	1100	13.50	5284.9	29.4
2012	3083	—	7439.2	38.1
2013	6919	—	11899.5	63.4
2014	7612	2979.43	17431.9	98.1
2015	12543	507.50	24128.9	129.6

数据来源：国家粮油信息中心及布瑞克农业数据库。

对于玉米的临时性收储，国家财政主要承担两项费用：一是临时性收购玉米的支出，此项支出为国家财政的主要支出。2012 年国家储备玉米收购量为 3083 万吨，按当年国家公布的平均玉米临时收储价格计算，收购玉米所需的国家财政支出为 655.14 亿元。2013 年收购国家储备玉米量达 6919 万吨，收购玉米所需的国家财政支出为 1553.32 亿元。2014 年国储玉米收购量为 7612 万吨，收购玉米所需的国家财政支出为 1708.89 亿元。2015 年国储玉米量高达 12543 万吨，收购玉米的国家财政支出为 2508.80 亿元。基于上述计算，2012—2015 年国家财政用于临时收购玉米的支出合计 6426.15 亿元。二是保管费用。根据政策文件规定，中央财政每年需要支出临时收储玉米的保管费用为 0.035 元 / 斤。2015 年我国收购国家储备玉米量为 12543 万吨，按照 0.035 元 / 斤的保管费用计算，当年国家财政需负担的保管费为 87.801 亿元。

第五，付出了高昂的生态资源环境代价。玉米价格的逐年上调使得玉米成为粮食中最有利可图的产品，农户为此通过各种方式扩大玉米种植面积。由于东北地区的粮食作物均为一季作物，无法通过复种的方式获得更多产量。因此，增加的玉米种植面积相当一部分是通过开荒产生的，其中除了合理开荒，还包括大量的非法开荒，如毁林开荒、毁草（地）开荒和毁湿（地）开荒。这些非法开荒耕地面积的增加，造成了资源环境的严重破坏。此外，玉米连作造成土壤有机质下降，20世纪五六十年代，我国松辽平原的黑土地黑土腐殖质层厚度平均为60—70厘米，目前已下降至平均20—30厘米，"耕地资源透支"问题十分严重。世界玉米主产区的耕作方式较多采用玉米和大豆轮作，以及玉米秸秆还田。但在我国东北玉米产区既未实施玉米和大豆轮作的耕作方式，也没有对玉米秸秆进行有效还田。随着玉米种植密度的加大，玉米秸秆量逐年增加，同时玉米秸秆消费量逐年下降，生产与消费的逆向变化使玉米秸秆过剩的矛盾日益加剧，大量秸秆被烧掉，造成巨大环境公害。

综上所述，虽然玉米临时收储政策有效保障农民玉米种植收益，很大程度上激发了农民的积极性，玉米增产增收显著，但是高位运行的"托市价格"引发了一系列亟待解决的外溢性消极效应，对玉米及相关产业造成了严重影响。

第二节　玉米"价补分离"政策

一、玉米临时收储政策的终结及"价补分离"政策的出台

通过上述分析可知，玉米临时收储政策给种植业结构、其下游产业、国家财政、生态环境带来了多重负面影响，使这一政策难以为继。玉米临时收储政策之所以存在上述负面影响，症结在于政策实施偏离初衷，即"临时"性设计，不仅价格持续飙升，收购数量也从定量转变为敞开式。为

扭转玉米市场悖逆现象，优化玉米价格形成机制，对玉米收储制度进行改革显得十分必要。在 2015 年秋粮上市之际，国家首次下调玉米临时收储价格，释放缩减玉米供给信号。2015 年 12 月 31 日，中央"一号文件"，即中共中央、国务院发布的《关于落实发展新理念加快农业现代化　实现全面小康目标的若干意见》提出，按照"市场定价、价补分离"的原则，积极稳妥推进玉米收储制度改革，在使玉米价格反映市场供求关系的同时，综合考虑农民合理收益、财政承受能力、产业链协调发展等因素，建立玉米生产者补贴制度。2016 年 3 月 5 日政府工作报告中再次提出：要完善农产品价格形成机制，引导农民适应市场需求调整种养结构，适当调减玉米种植面积，保障农民合理收益。同年 3 月 28 日，国家发改委会同农业部、财政部、农业发展银行、国家粮食局等多个部门公布了玉米收储制度改革的核心内容，建立"市场化收购"加"补贴"的新机制，实行 8 年之久的玉米临时收储政策退出了历史舞台。同年 6 月 20 日，财政部向社会公布《关于建立玉米生产者补贴制度的实施意见》，决定在黑龙江省、吉林省、辽宁省和内蒙古自治区（东四盟）建立玉米生产者补贴制度。2016 年 7—9 月，东北各省（区）陆续下发建立玉米生产者补贴制度实施方案的通知（见图4-11）。

图 4-11　玉米"价补分离"政策出台的时间轴

二、"价补分离"政策的目标

此轮玉米收储政策改革的核心要点在于"价""补"二字。"价"体现在：玉米价格由市场供求关系决定，各市场主体随行就市收购玉米。"补"体现在：对于农民因玉米价格回归市场造成的收益受损由国家进行补偿。"价补分离"政策的目标不是盲目增加玉米产量，也不是一味扩大农民收入，而是减少政府干预，发挥市场在资源配置中的作用，完善市场价格形成机制，在收入下降的预期下，给予农民专项补贴，保障玉米核心产区玉米种植收益稳定的同时，促进玉米非核心产区农民种植结构调整。鉴于此，该政策的核心政策目标如下。

核心目标一：完善玉米价格形成机制。玉米价格由市场供求决定，充分尊重市场规律，使价格真实反映市场供求关系，逐步摆脱买卖双方对政策的依赖，避免政府过度干预市场价格带来的负面效应。

核心目标二：保障农民基本收益。将对农民的补贴从价格中剥离出来，综合考虑农民的生产能力、合理收益等因素，建立玉米生产者补贴制度，防止农民收益受损严重，保持种粮积极性，在耕地经营收入对农民收入增长的贡献越来越小的情况下，拓宽农户增收渠道。

核心目标三：优化种植结构。"价补分离"政策让农民根据市场需求进行种植选择，通过将补贴资金向高产地区集中，将玉米种植向优势产区推动，向科学化、合理化发展，实现规模经营，同时促进玉米非核心产区种植结构调整，实现粮食内部种植结构的优化，最终提高农业综合效益和竞争力。

三、"价补分离"政策的基本方案

玉米"价补分离"政策的实施遵循四大基本原则：一是市场定价、价补分离。在市场供求形成玉米价格的基础上，运用中央财政资金给予东北三省一区玉米种植户一定补贴。为稳定优势产区玉米种植基本收益，鼓励地方向优势产区集中补贴资金。二是定额补贴、调整结构。玉米生产者补贴的补贴基期在一定年限内保持不变，亩均补贴标准一致，发挥价格对生产的引导作用，调整种植结构，提高农业发展效益和质量。三是中央支持、省级负责。补贴资金由中央财政拨付至省级财政，补贴的使用自主权归各省（区）享有，具体补贴方案可由其自行制定。四是公开透明、加强监督。依托粮食直补工作打好基石，地方政府拨付补贴资金的操作要公开透明。同时，要做到能够主动接受相关部门和群众监督，确保玉米生产者能够真正得到国家财政补贴资金。

结合东北三省一区的实际情况，通过对上述省（区）玉米生产者补贴实施方案进行详细对比，各省（区）在补贴额度的核定、种植结构调整金的调剂，以及补贴对象、补贴范围、补贴依据和补贴发放方式的确定等方面存在较大差异，具体如下。

（一）补贴额度的核定

玉米生产者补贴资金由中央财政统一拨付到省（区），由地方政府统筹补贴资金兑付给玉米生产者。中央财政在全面考量粮食供求平衡、农民种粮基本收益、财政承受能力及产业链协调发展等因素后确定当年亩均补贴额度。亩均补贴额度需要每年报送国务院审定，中央财政对东北三省一区补贴水平保持一致。中央财政核定各省（区）补贴额度＝当年亩均补贴水平×基期各省（区）玉米播种面积；基期为2014年，并保证3年（2016—2018年）不变。以2016年为例，亩均补贴水平由2016年玉米价格下降程度（与2015年相比，下降0.2元/斤）与2014年全国平均玉米单产水平（850斤/亩）相乘所得。通过计算可得，2016年中央财政的补贴水平是170元/亩。之后，按亩均补贴水平与2014年各省（区）的玉米播种面积确定各省（区）补贴额度。2016年，中央财政向东北三省一区共下发390.3860亿元的生产者补贴，分两次拨付，第一批共下发玉米生产者补贴

资金 300.3860 亿元。其中，内蒙古 66.2515 亿元、辽宁 45.7788 亿元、吉林
72.6306 亿元、黑龙江 115.7251 亿元。第二批玉米生产者补贴资金 90 亿元，
其中内蒙古 20.4520 亿元、辽宁 14.1320 亿元、吉林 22.4211 亿元、黑龙江
32.9949 亿元。2016 年，内蒙古、辽宁、吉林、黑龙江分别共获得玉米生产
者补贴资金 86.7035 亿元、59.9108 亿元、95.0517 亿元、148.7200 亿元。其
中，黑龙江获得的生产者补贴最多，辽宁获得的生产者补贴最少（见表
4-6）。

表 4-6　2016 年东北地区玉米生产者补贴发放情况　　　（单位：亿元）

省（区）	第一次	第二次	两次合计
内蒙古	66.2515	20.4520	86.7035
吉林	72.6306	22.4211	95.0517
辽宁	45.7788	14.1320	59.9108
黑龙江	115.7251	32.9949	148.7200
合计	300.3860	90.0000	390.3860

数据来源：搜狐网《再增 90 亿！东北三省一区玉米生产者补贴累计达 390 亿》(http://www.sohu.com/
a/118123894_115612)。

　　补贴资金发放至各省（区）之后，根据中央规定，地方政府按照当地
种植面积与玉米单产情况核定市的补贴额度。各市可以参照省对市办法核
定所属县（区）补贴额度，或自行确定各县补贴标准。内蒙古自治区根据
当年国家给予其补贴总额、各盟市的玉米播种面积和产量等评估盟市的补
贴额度。玉米播种面积和产量以 2014 年国家统计局认定的数据为准，3 年
不变。同时，为了稳定优势产区玉米种植基本收益，各旗县区可以适当调
整补贴标准。辽宁省以 2014 年为基期，根据 2014 年各市玉米播种面积的
60% 和前三年（2012—2014 年）玉米平均产量的 40% 测算各市的补贴额
度。测算基期为 2014 年（即面积为 2014 年数据，产量为 2012—2014 年平
均数据），且 2016—2018 年 3 年保持不变。建议各市根据市对县补贴资金

总量，参照省对市办法核定所属县（区）的补贴额度。同时，各市也可结合自身实际情况另行制定所属县（区）补贴额度的核定办法。吉林省根据省级补贴资金总量，以 2014 年为基期，按照各市玉米产量和播种面积各占50% 的权重来核定各市的补贴额度。建议各市根据市对县补贴资金总量，参照省对市办法核定所属县（区）的补贴额度。黑龙江省采取各市县统一的补贴标准，基于全省玉米生产者补贴资金总额和玉米实际种植面积，评估计算黑龙江省亩均补贴标准。公式为：亩均补贴标准 = 全省补贴总额 / 全省玉米合法实际种植面积。其中，玉米合法实际种植面积由省农业农村厅、省统计局等部门进行核实。

（二）种植结构调整金的调剂

为配套"镰刀弯"地区玉米种植结构调整，各省（区）级政府可调剂部分中央财政下发的补贴资金作为玉米种植结构调整项目资金，具体比例由各省（区）级政府自主制定。内蒙古自治区将中央财政补贴全部用于玉米生产者补贴；辽宁省的省级财政调剂 5% 作为省级种植结构调整资金，根据省核定下达补贴资金额度，市级财政调剂 5% 作为市级种植结构调整资金，县级财政对种植结构调整资金不再调剂。中央财政下发至吉林省的补贴资金将全部下发至各市县，不集中调剂，市对县调整种植结构，可在10% 的范围内调剂玉米生产者补贴资金；黑龙江省对中央定额补贴资金的10%，统一由省级财政调剂，运用这部分资金支持种植结构调整以及大力发展玉米产业等，市级和县级财政不再进行调剂。

（三）补贴对象、补贴范围、补贴依据和补贴发放方式的确定

根据财政部发布的《关于建立玉米生产者补贴制度的实施意见》，各省（区）依据中央财政下达的补贴资金总额、结合本省财力状况等，细化本省（区）的补贴方案。根据本地实际情况，拥有自主权的市县、区域，可自行

筛选无补贴的非优势产区，鼓励将补贴资金向优势产区集中。

（1）关于补贴对象的确定。全省范围内合法耕地上的玉米生产者。其中合法耕地是指通过合法程序获得合法经营权的耕地；玉米生产者包括农民合作社、农场、农民等。通过租赁、转让、托管、转包、土地入股等形式流转土地的（包含乡村机动地），实际玉米生产者获得补贴资金；流转双方另有商定的，流转双方确认同意后按照双方商定意见进行办理。如果补贴资金发放给了土地承包者，为使玉米生产者真正受益，有关地方政府要对承包者进行引导，使其相应降低土地流转费用。

（2）关于补贴范围的确定。全省范围内合法耕地上的玉米种植面积。不包括未经批准开垦耕种的土地、国家及省明确退耕的土地、禁止开垦耕种的土地及虚报的种植面积。

（3）关于补贴依据的确定。生产者当年在合法耕地上实际播种的玉米种植面积。

（4）关于补贴发放方式的确定。通过粮食补贴"一卡（折）通"直接将补贴资金及时足额发放到玉米生产者存折账户，不可用现金发放；任何单位不得以任何理由代领、代扣、挪用、挤占该项资金。

东北地区玉米生产者补贴确定及发放流程（见图4-12）。通过上述梳理可以看出，各省（区）地方政府"价补分离"政策的具体实施细则不尽相同。其相同之处在于：第一，玉米实际生产者为补贴对象，其中土地流转合同有约定者，从其约定；第二，补贴资金发放时间为每年9月30日前（兑付到农户手中的时间集中在11月前后）。其不同之处在于：第一，补贴依据。黑龙江、吉林、辽宁三省的补贴依据为当年玉米实际合法种植面积，而内蒙古自治区则以2016年核定的面积为基准，以后各年新增面积不予补贴。第二，补贴标准。黑龙江省依据全省补贴总额，计算统一的补贴标准。吉林、辽宁、内蒙古三省（区）以县市为单位，核定下达补贴资金，依据补贴面积测算确定补贴标准。

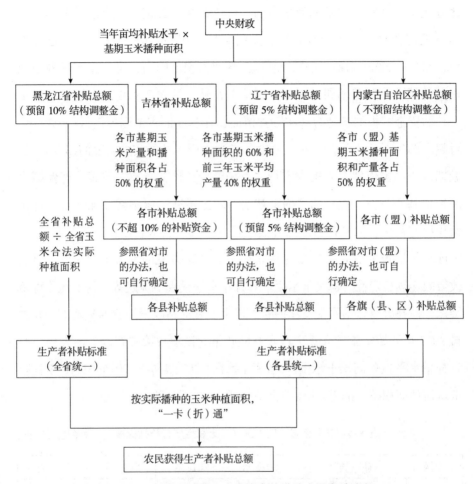

图 4-12 东北地区玉米生产者补贴确定及发放流程

2020 年，国家对东北三省和内蒙古自治区的玉米生产者补贴政策进行了进一步完善。本次玉米生产者补贴实施方案的指导思想是稳定玉米种植面积，确保优势产区农民种粮基本收益，巩固玉米收储制度改革成效，落实乡村振兴战略。本次方案明确指出按照国家规定，以省为单位设定玉米基期面积，2020—2022 年保持不变。这一规定释放了玉米生产者补贴政策具有连续性和稳定性的信号，同时明确了"确定基期，超出不补"的基本原则，即从 2020 年开始，确定玉米补贴基期面积。其中，超出基期面积的部分不予以补贴，在基期面积内的，可依据实际种植面积领取补贴。如吉林省规定省对市县明确可获得补贴的基期面积为2018年统计玉米播种面积，2020—2022年保持不变。市县在基期面积范围内，可根据实际种植面积兑付补贴，即超基期面积部分不给予补贴。黑龙江省规定省统筹安排中央补贴资金，根据各地合法实际种植面积在基期面积范围内拨付补贴资金，对超出部分不予补贴。综上，2020年玉米生产者补贴实施方案的印发表明：近期内，国家依然会对玉米实行"市场定价，价补分离"政策，即保障农民种粮基本收益。提出的"确定基期，超出不补"原则旨在保证玉米种植面积稳定，防止因补贴造成播种面积反弹，巩固玉米收储政策改革调结构、去库存等取得的成效。2020年玉米生产者补贴方案的发布虽然明确了该项政策的连续稳定性，但是玉米生产者补贴水平呈现下降趋势。为了优化种植结构，提高大豆自给水平，在借鉴玉米生产者补贴政策经验的基础上，我国自2017年开始实施了大豆生产者补贴政策。该项政策实施以来，大豆生产者补贴水平显著高于玉米生产者补贴水平（见表4-7）。2015—2018年我国玉米播种面积减少的近4300万亩中有近2400万亩种植了大豆。

表4-7　东北各省（区）玉米、大豆生产者补贴标准　　（单位：元/亩）

地区	补贴类型	2016年	2017年	2018年	2019年
黑龙江	玉米生产者补贴	154	133	25	30
	大豆生产者补贴	—	173	320	255
吉林	玉米生产者补贴	145	97	94	86
	大豆生产者补贴	—	166	224	265
辽宁	玉米生产者补贴	173	138	100	70
	大豆生产者补贴	—	160	200	270
内蒙古	玉米生产者补贴	133	120	70	100
	大豆生产者补贴	—	177	250	235

数据来源：根据实际调研数据整理所得。

四、"价补分离"政策的福利效应

玉米"价补分离"政策的核心要义是市场供求决定玉米价格，生产者随行就市出售玉米，国家财政对生产者进行一定额度的补贴，适当弥补因为市场价格下降所带来的收入减少。如图4-13所示，S表示玉米的供给曲线，D表示玉米的需求曲线，P_0和Q_0分别表示市场出清的价格和数量。"价补分离"政策下玉米种植者获得生产者补贴，对农户而言相当于玉米最终实际价格的上涨，价格由原来的P_0上升至P_P，玉米产量由Q_0增加至Q_P。最终实际价格的上涨会使供给曲线S右移，如右移至S_1，玉米市场上供给的增加导致市场价格由原来的P_0下降至P_1，此时需求者以P_1的价格购买玉米。

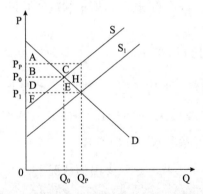

图4-13 玉米"价补分离"政策对社会福利的影响

（一）玉米生产者的福利变化

在玉米"价补分离"政策实施以前，市场出清时的生产者剩余为图4-13中D+F的面积。在"价补分离"政策实施后，农户生产的最终实际价格由原来的P_0上升至P_P，生产者剩余变为图4-13中B+C+D+F的面积。那么，生产者的福利变化量$\triangle PS=B+C$，这意味着，玉米"价补分离"政策的实施提高了玉米生产者的福利水平。

（二）玉米消费者的福利变化

在玉米"价补分离"政策实施以前，市场出清时的消费者剩余为图 4-13 中 A+B 的面积。在"价补分离"政策实施后，供给增加导致市场价格由原来的 P_0 下降至 P_1，消费者剩余变为图 4-13 中 A+B+D+E 的面积。那么，消费者的福利变化量 $\triangle CS=D+E$，这意味着，玉米"价补分离"政策的实施提高了玉米消费者的福利水平。

（三）政府的福利变化

在玉米生产者补贴政策下，玉米种植户通过政府财政转移支付获得一定补贴。财政支出为 $Q_P \times (P_P-P_1)=B+C+D+E+H$，$\triangle G=-(B+C+D+E+H)$，即"价补分离"政策实施后，政府福利减少了 B+C+D+E+H 的面积。

（四）社会福利的总变化

社会福利水平的变化取决于生产者剩余、消费者剩余与政府支出，社会总福利的变化 $=\triangle PS+\triangle CS+\triangle G=B+C+D+E-(B+C+D+E+H)=-H$。"价补分离"政策下社会总福利水平减少了 H。

综上分析，在不考虑政府财政支出的情况下，玉米"价补分离"政策会导致社会总福利的增加，生产者和消费者共享了增加的社会总福利。在考虑政府财政支出的情况下，玉米"价补分离"政策会造成社会总福利的损失，原因在于生产者补贴制度的干预。

五、临时收储政策的福利效应

为刺激农民种粮积极性、保障农民收入水平、稳定市场价格，2008—2015 年，国家在东北地区实施玉米临时收储政策。2008—2013 年，国家五次提高玉米临时收储价格，并于 2009—2015 年，取消对收储数量的限制，敞开收购农民手中的余粮。如图 4-14 所示，S_0S_1 表示玉米的供给曲线，D_0D_1 表示临时收储政策下玉米的需求曲线，D_0D_2 表示没有政策干预下的玉米需求曲线，P_0 和 Q_0 分别表示市场出清的价格和数量。P_1 和 Q_1 分别表示临时收储政策下的价格和数量。

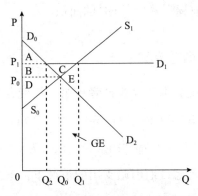

图 4-14　玉米临时收储政策对社会福利的影响

（一）玉米生产者的福利变化

图 4-14 中 D 的面积为临时收储政策实施前市场出清时的生产者剩余。在临时收储政策实施后，临时收储价格上升至 P_1，生产者剩余变为图 4-14 中 B+C+D 的面积。那么，生产者的福利变化量 $\triangle PS=B+C$，这意味着，临时收储政策的实施提高了玉米生产者的福利水平。

（二）玉米消费者的福利变化

在临时收储政策实施以前，市场出清时的消费者剩余为图 4-14 中 A+B 的面积。在临时收储政策实施后，消费者剩余变为图 4-14 中 A 的面积。那么，消费者的福利变化量 $\triangle CS=-B$，这意味着，临时收储政策的实施降低了玉米消费者的福利水平。

（三）政府的福利变化

在临时收储政策下，玉米的供给量为 Q_1，玉米的需求量为 Q_2，过剩的产量由政府收储，政府财政支出为 $P_1 \times (Q_1-Q_2)=GE$，$\triangle G=-GE$，即临时收储政策实施后，政府福利减少了 GE 的面积。

（四）社会福利的总变化

社会福利水平的变化取决于生产者剩余、消费者剩余与政府支出，社会总福利的变化 $=\triangle PS+\triangle CS+\triangle G=B+C+(-B)+(-GE)=C-GE$。临时收储政策的实施造成了社会总福利的损失，损失为 GE-C。

由此可见，在不考虑政府财政支出的情况下，玉米临时收储政策会使得消费者福利向生产者福利让渡，导致社会总福利增加。在考虑政府财政支出的情况下，玉米临时收储政策会造成社会总福利较大损失，使国家承受巨大的财政负担。

通过比较玉米"价补分离"政策和临时收储政策的福利效应发现，基于生产者主体看，无论是玉米临时收储政策还是"价补分离"政策，均提高了生产者的福利水平。基于消费者主体看，由于临时收储价格高于市场均衡价格，需求量下降，消费者福利受损。实施"价补分离"政策后，由于供给增加，市场价格下降，消费者福利水平大幅度提高。基于政府主体看，两个政策主要的福利损失均来自政府的财政支出。综上，"价补分离"政策与临时收储政策虽然都造成了社会总福利受损，但是"价"和"补"的分离减少了对市场的扭曲，提高了资源配置的效率，使得前者造成的社会福利损失远远小于后者（见表4-8）。

表 4-8 玉米临时收储政策与"价补分离"政策福利水平变化对比

指标	玉米临时收储政策	玉米"价补分离"政策
生产者福利	增加	增加
消费者福利	减少	增加
政府的福利	减少	减少
社会总福利	减少	减少,但远远小于临时收储政策造成的社会总福利减少

资料来源:笔者整理所得。

我国玉米临时收储政策始于 2008 年,是在如下背景下出台的:其一,粮食产量阶段性下降,人均粮食占有量水平低。其二,在玉米工业消费需求的强拉动下,我国玉米市场出现了供给紧张的态势。其三,21 世纪以来,玉米种植成本呈现刚性增长趋势,粮农增收面临挑战。其四,21 世纪以来稻谷、小麦价格支持政策的驱动。正是在上述背景之下,2008 年秋粮上市之际,国家在黑龙江、吉林和辽宁三省及内蒙古自治区实施了玉米临时收储政策。玉米临时收储政策主要建之于粮食增产和粮农增收两个目标之上。就实施效果而言,上述两个目标已得到了较为充分的实现,但是同时也释放出了不可低估的负面效应。这些负面效应集中表现在以下五个方面:第一,种植业结构失衡加剧。第二,玉米下游产业成本急剧提升。第三,玉米国际竞争力丧失。第四,国产玉米大量库存积压,国家财政负担沉重。第五,付出了高昂的生态资源环境代价。

虽然玉米临时收储政策有效保障了农民种植玉米的收益,极大调动了农民种植玉米的积极性,使玉米增产增收显著。但是,高位运行的"托市价格"引发了一系列亟待解决的外溢性消极效应,对玉米及相关产业造成了严重影响,使这一政策难以为继。2016 年国家将玉米临时收储政策调整为玉米"价补分离"政策,实行 8 年之久的玉米临时收储政策退出了历史舞台。此轮玉米收储政策改革的核心要点在于"价""补"二字。"价"体现在：玉米价格由市场供求关系决定，各市场主体随行就市收购玉米。"补"体现在：对于农民因玉米价格回归市场造成的收益受损由国家进行补偿。完善玉米价格形成机制，保障农民基本收益，优化种植结构是玉米"价补分离"政策的核心目标。通过比较玉米"价补分离"政策和临时收储政策的福利效应发现，基于生产者主体看，无论是玉米临时收储政策还是"价补分离"政策，均提高了生产者的福利水平。基于消费者主体看，由于临时收储价格高于市场均衡价格，需求量下降，消费者福利受损。实施"价补分离"政策后，由于供给增加，市场价格下降，消费者福利水平大幅度提高。基于政府主体看，两个政策最主要的福利损失均来自政府的财政支出。综上，"价补分离"政策与临时收储政策虽然都造成了社会总福利受损，但是"价"和"补"的分离减少了对市场的扭曲，提高了资源配置的效率，使得前者造成的社会福利损失远远小于后者。

第五章　玉米收储政策改革的
产业链效应

本章基于产业链视角，构建农户、政府、第三方主体（玉米产业链上的各类企业）三维坐标。在农户维坐标，分析玉米收储政策改革的生产效应和收入效应。在政府维坐标，分析玉米收储政策改革的补贴效应。在第三方主体维坐标，分析玉米收储政策改革的收储效应和加工效应。

第一节　玉米收储政策改革的生产效应分析

玉米收储政策改革后，针对"价补分离"政策的实施，政策实施区的农户会对新的政策产生行为响应，在玉米生产中主要体现在土地投入、劳动力投入和物化要素投入等方面。本章首先基于宏观数据分析玉米"价补分离"政策实施的生产效应，其次基于微观数据进一步剖析玉米"价补分离"政策实施后农户的行为响应。

一、基于宏观数据分析

（一）玉米播种面积及其占农作物总播种面积比重变化情况

1. 玉米播种面积变化情况

2008 年玉米"价补分离"政策实施区域（黑龙江、吉林、辽宁、内蒙古）的玉米播种面积为 16807.48 万亩，2015 年达到 27709.39 万亩，年均递增 7.40%。2015 年玉米临时收储价格首次下调，预示着即将开启玉米的市场化改革，同年 11 月 2 日农业部出台了《关于"镰刀弯"地区玉米结构调整的指导意见》，使得 2016 年政策实施区的玉米播种面积减少了 1603.79 万亩，下降了 5.79%。2016 年玉米"价补分离"政策实施后使得 2017 年政策实施区的玉米播种面积较 2016 年减少了 1452.89 万亩，下降了 5.57%。2017 年玉米市场价格回暖，使得 2018 年政策实施区的玉米播种面积增加 852.91 万亩。2019 年政策实施区的玉米播种面积再次减少，较 2018 年下降 2.70%。相比于政策实施区，2008—2016 年非政策实施区玉米播种面积由 29663.52 万亩增至 40160.80 万亩，年均递增 3.86%。2016 年后非政策实施区玉米播种面积持续下降，2019 年减少至 37107.79 万亩（见图 5-1）。

图 5-1　2008—2019 年政策实施区与非政策实施区玉米播种面积

数据来源：根据布瑞克农业数据库数据整理而得。

就政策实施区内各省（区）而言，2008年黑龙江省玉米播种面积为5774.06万亩，2015年达到11041.70万亩，年均递增9.70%。此后玉米播种面积显著减少，2019年下降至8811.94万亩。2016—2019年玉米播种面积共减少980.69万亩，下降10.01%。2008年吉林省玉米播种面积为4481.37万亩，2015年达到6376.59万亩，年均递增5.17%。此后玉米播种面积稳中有降，2019年为6329.42万亩。2016—2019年玉米播种面积共减少33.54万亩，下降0.53%。2008年辽宁省玉米播种面积为2949.25万亩，2015年达到4383.62万亩，年均递增5.83%。此后玉米播种面积呈现出下降趋势，2019年为4012.5万亩。2016—2019年玉米播种面积共减少172.17万亩，下降4.11%。2008年内蒙古自治区玉米播种面积为3602.80万亩，2015年达到5907.48万亩，年均递增7.32%。此后玉米播种面积呈现出下降趋势，2019年为5664.45万亩。2016—2019年玉米播种面积共减少100.89万亩，下降1.75%（见图5-2）。可见，玉米"价补分离"政策实施以来，在政策实施区内黑龙江省玉米播种面积下降得最多，对政策的响应强度最大。

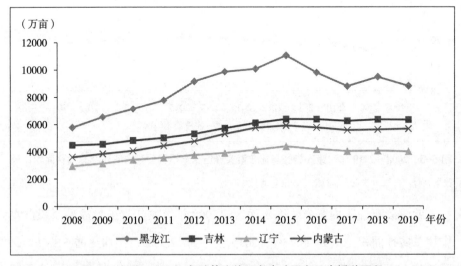

图5-2 2008—2019年政策实施区各省（区）玉米播种面积

数据来源：布瑞克农业数据库。

2. 玉米播种面积占农作物总播种面积比重的变化情况

2008—2015 年，政策实施区玉米播种面积占农作物总播种面积比重由 38.83% 上升至 51.90%，上升了 13.07 个百分点。2016 年该比重下降至 47.67%，此后两年有所回升，2018 年为 50.33%。2019 年再次回落，政策实施区玉米播种面积占农作物总播种面积的比重由 2018 年的 50.33% 下降至 48.68%。2008—2016 年，非政策实施区玉米播种面积占农作物总播种面积比重由 15.82% 上升至 21.80%，上升了 5.98 个百分点。此后该比重逐步下降，2019 年下降至 18.75%。2016 年以来，玉米播种面积占农作物总播种面积比重在政策实施区呈现出倒 V 特征，在非政策实施区一直呈下降趋势（见图 5-3）。可见，在玉米"价补分离"政策的作用下，政策实施区玉米播种面积占农作物总播种面积比重呈现出了与非政策实施区不同的变化。

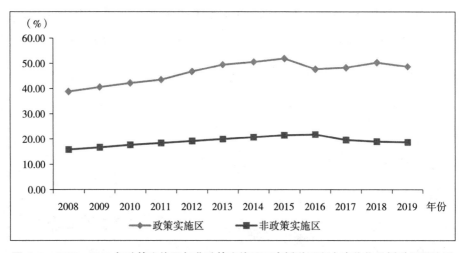

图 5-3 2008—2019 年政策实施区与非政策实施区玉米播种面积占农作物总播种面积比重
数据来源：根据布瑞克农业数据库数据整理而得。

就政策实施区内各省（区）而言，2008 年黑龙江省玉米播种面积占农作物总播种面积比重为 29.73%，2015 年达到 47.35%，年均递增 6.87%。此后该比重显著下降，2019 年下降至 39.77%。2016—2019 年玉米播种面积占农作物总播种面积比重下降 2.21%。2008 年吉林省玉米播种面积占农作物总播种面积比重为 58.47%，2015 年达到 66.91%，年均递增 1.94%，2016年该比重下降至 64.42%，此后玉米播种面积占农作物总播种面积比重明显上升，2019 年为 68.98%。2016—2019 年玉米播种面积占农作物总播种面积比重上升 4.56%。2008 年辽宁省玉米播种面积占农作物总播种面积比重为 50.72%，2015 年达到 57.27%，年均递增 1.75%，2016 年该比重下降至55.58%，2017 年该比重明显上升达到 64.52%，上升了 8.94 个百分点，此后玉米播种面积占农作物总播种面积比重有所下降，2019 年为 63.43%。2016—2019 年玉米播种面积占农作物总播种面积比重上升 7.85%。2008 年内蒙古自治区玉米播种面积占农作物总播种面积比重为 34.11%，2015 年达到 45.02%，年均递增 4.04%。2016 年该比重下降至 40.51%，此后玉米播种面积占农作物总播种面积比重有所回升，2019 年为 42.50%。2016—2019年玉米播种面积占农作物总播种面积比重上升 2.00%（见图 5-4）。可见，政策实施区内黑龙江省玉米播种面积占农作物总播种面积比重下降的最多，对政策的响应强度最大。

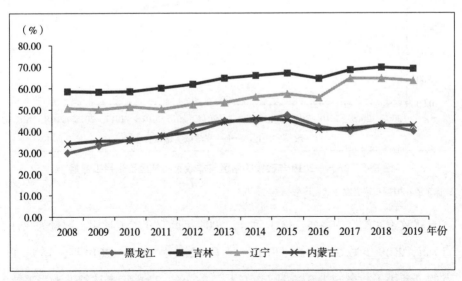

图 5-4 2008—2019 年政策实施区各省（区）玉米播种面积占农作物总播种面积比重

数据来源：布瑞克农业数据库。

（二）玉米用工数量变化情况

2008—2019 年，政策实施区与非政策实施区玉米用工数量的变化趋势基本一致，均呈现出明显下降趋势。2008 年政策实施区的玉米用工数量为 5.53 日/亩，2019 年减少至 3.10 日/亩，下降 43.94%。2016—2019 年，政策实施区的玉米用工数量减少 0.16 日/亩，下降 4.90%。2008 年非政策实施区的玉米用工数量为 10.62 日/亩，2019 年减少至 6.99 日/亩，下降 34.18%。2016—2019 年，非政策实施区的玉米用工数量减少 0.56 日/亩，下降 7.37%。可见，虽然近十年来政策实施区与非政策实施区玉米用工数量均呈下降趋势且政策实施区的下降幅度较大，但玉米收储政策改革以来，政策实施区玉米用工数量下降幅度呈现出小于非政策实施区的特点（见图 5-5）。

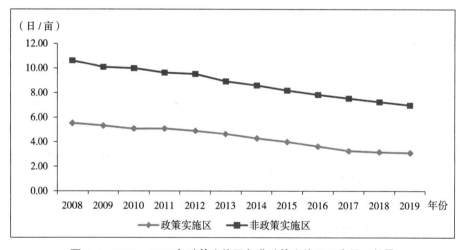

图 5-5　2008—2019 年政策实施区与非政策实施区玉米用工数量

数据来源：根据布瑞克农业数据库数据整理而得。

就政策实施区内各省（区）而言，2008 年黑龙江省玉米用工数量为 3.91 日/亩，2019 年减少至 2.63 日/亩，下降 32.74%。2016—2019 年，黑龙江省的玉米用工数量减少 0.06 日/亩，下降 2.23%。2008 年吉林省玉米用工数量为 5.43 日/亩，2019 年减少至 3.95 日/亩，下降 27.26%。2016—2019 年，吉林省的玉米用工数量减少 0.78 日 / 亩，下降 16.49%。2008 年辽宁省玉米用工数量为 6.20 日 / 亩，2019 年减少至 3.74 日 / 亩，下降 39.68%。2016—2019 年，辽宁省的玉米用工数量减少 0.45 日 / 亩，下降 10.74%。2008 年内蒙古自治区玉米用工数量为 6.57 日 / 亩，2019 年减少至 2.09 日 / 亩，下降 68.19%。2016—2019 年，内蒙古自治区的玉米用工数量减少 0.84 日 / 亩，下降 28.67%。可见，近十年政策实施区内各省（区）玉米用工数量均呈现出明显下降趋势。玉米"价补分离"政策实施以来，内蒙古自治区玉米用工数量下降最多，其次为吉林省，再次为辽宁省，最后为黑龙江省（见图 5-6）。

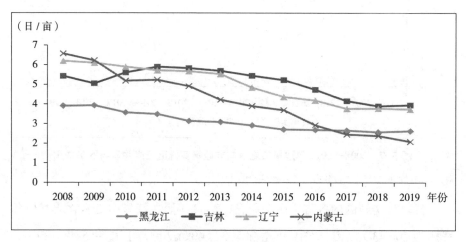

图 5-6　2008—2019 年政策实施区各省（区）玉米用工数量

数据来源：布瑞克农业数据库。

（三）玉米物质与服务费用变化情况

2008—2019 年，政策实施区与非政策实施区玉米物质与服务费用的变化趋势基本一致，均呈现出明显上升趋势。2008 年政策实施区的玉米物质与服务费用为 254.41 元 / 亩，2019 年增加至 381.27 元 / 亩，上升 49.87%。2016—2019 年，政策实施区的玉米物质与服务费用增加 10.98 元 / 亩，上升 2.97%。2008 年非政策实施区的玉米物质与服务费用为 246.03 元 / 亩，2019 年增加至 402.05 元 / 亩，上升 63.42%。2016—2019 年，非政策实施区的玉米物质与服务费用增加 28.13 元 / 亩，上升 7.52%。可见，无论是玉米"价补分离"政策实施前，还是该项政策实施后，非政策实施区玉米物质与服务费用上升幅度均高于政策实施区（见图 5-7）。

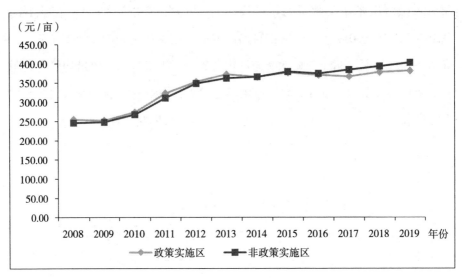

（元 / 亩）

图 5-7　2008—2019 年政策实施区与非政策实施区玉米物质与服务费用

数据来源：根据布瑞克农业数据库数据整理而得。

就政策实施区内各省（区）而言，2008 年黑龙江省的玉米物质与服务费用为 206.43 元 / 亩，2019 年增加至 329.40 元 / 亩，上升 59.57%。2016—2019 年，黑龙江省的玉米物质与服务费用减少 2.64 元 / 亩。2008 年吉林省的玉米物质与服务费用为 281.87 元 / 亩，2019 年增加至 404.72 元 / 亩，上升 43.58%。2016—2019 年，吉林省的玉米物质与服务费用增加 6.92 元 / 亩。2008 年辽宁省的玉米物质与服务费用为 263.59 元 / 亩，2019 年增加至 365.10 元 / 亩，上升 38.51%。2016—2019 年，辽宁省的玉米物质与服务费用增加 6.28 元 / 亩。2008 年内蒙古自治区的玉米物质与服务费用为 265.73 元 / 亩，2019 年增加至 425.84 元 / 亩，上升 60.25%。2016—2019 年，内蒙古自治区的玉米物质与服务费用增加 33.37 元 / 亩。可见，近十年政策实施区内各省（区）玉米物质与服务费用整体呈上升趋势，其中内蒙古自治区上升的幅度最大，超过了60%。玉米"价补分离"政策实施后，黑龙江省的玉米物质与服务费用显现出与其他省（区）相异的特点，即该项费用每亩减少2.64元，是政策实施区唯一一个费用减少的省份。内蒙古自治区增加的费用是吉林省的4.82倍，是辽宁省的5.31倍（见图5-8）。

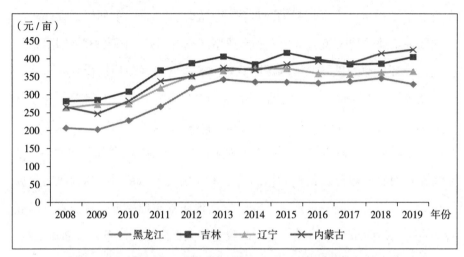

图 5-8　2008—2019 年政策实施区各省（区）玉米物质与服务费用

数据来源：布瑞克农业数据库。

二、基于微观数据分析

上面基于玉米"价补分离"政策实施区域与非政策实施区域的宏观数据，初步分析了政策实施以来玉米播种面积及其占农作物总播种面积比重、玉米用工数量、玉米物质与服务费用的变化情况。为了剔除其他因素的影响，更准确地剖析该政策的生产效应，本书基于微观农户调查数据，运用双重差分模型（DID）进行深入分析。

（一）理论分析框架与研究设计

1. 理论分析框架

玉米生产既是自然再生产的过程又是经济再生产的过程。因此，在玉米生产过程中，种植户面临着自然和市场双重风险的约束。鉴于难以预测和控制自然风险，农户的种植决策主要取决于对未来市场的预期。玉米临时收储政策实施期间，玉米生产成本不断上涨，依据成本确定的临时收储价格呈现上升态势并高于市场价格，形成了预期价格只升不降的惯性，使农户对玉米价格产生了较强的政策依赖。在增产和增收的同时，伴随着东北地区种植业结构失衡、玉米下游产业生产成本飙升、国家财政负担沉重、生态资源环境遭到破坏、玉米国际竞争力丧失等负面效应的出现，玉米临时收储政策难以为继，走向终结。"价补分离"政策作为替代政策，包括两层含义：一是建立市场价格机制，市场供求决定玉米价格；二是保证优势产区玉米种植收益基本稳定，建立玉米生产者补贴制度。"价"和"补"的分离旨在对临时收储政策期间扭曲的玉米市场进行修正，并释放既有的库存压力。农户会对新政策形成预期，根据预期基于理性投资者假设，即收益一定下的风险最小或风险一定下的收益最大作出生产决策，进而对土地、劳动力、资本等生产要素投入进行调整（见图5-9）。

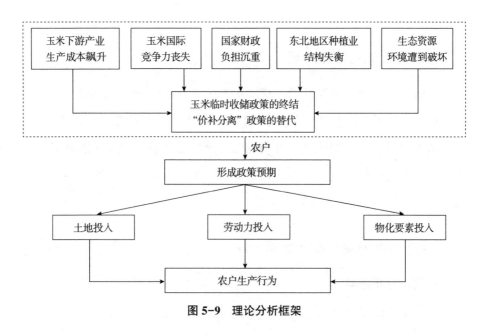

图 5-9　理论分析框架

那么，改革后的玉米收储政策具体会如何影响农户的生产行为呢？如图 5-10 所示，当玉米价格为临时收储价格 P_0（假设临时收储价格高于市场价格）时，玉米需求曲线为 D_0D_1，玉米供给曲线为 S_0S_1，此时农户总收益为 $P_0E_0Q_00$ 的面积。实施"价补分离"政策后，一方面玉米价格由市场供求决定，如果供给曲线位置不变，则需求曲线变为 D_0D_2，此时价格下降至 P_1，收益减少至 $P_1E_1Q_10$ 的面积。由于收益下降，供给曲线会左移至 S_2S_3，市场价格为 P_2。另一方面生产者补贴的发放对农户而言相当于玉米最终实际价格的上涨，供给曲线会右移，可能移至 S_4S_5，也可能移至 S_6S_7 或其他位置，右移的幅度取决于生产者补贴的强度。由此可见，玉米"价补分离"政策的实施会增加农户投资的风险，但对收益的影响具有不确定性。玉米种植中土地投入、劳动力投入、物化要素投入的变化会随收益的变化而发生变化，本书将构建双重差分模型（DID）验证上述观点。

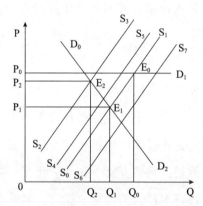

图 5-10 玉米"价补分离"政策对农户生产行为的影响

2. 数据说明

本书实证分析选取的是 2014—2019 年 8 个省（区）960 户农户的面板数据。黑龙江、吉林、辽宁、内蒙古为"价补分离"政策的实施区，为了减少处理组和对照组之间的异质性，选取玉米种植面积较大的河南、河北、山东、山西作为政策未实施区。

3. 模型构建

玉米"价补分离"政策的实施区域为东北三省和内蒙古自治区,这为本书提供了一个准自然实验。本书运用双重差分模型(DID),以政策实施区域的农户为处理组,未实施政策区域的农户为对照组。通过比较处理组和对照组农户生产行为对政策实施的响应来评估"价补分离"政策所产生的生产效应。根据研究目标,本书将双重差分模型(DID)的基准回归模型设定为以下形式:

$$Y_{it} = \beta_0 + \beta_1 \cdot \text{Treat} \cdot \text{Time} + \sum \beta_x \cdot \text{Control} + \alpha_i + \gamma_i + \varepsilon_{it} \qquad (5-1)$$

式(5-1)中,Y_{it} 是衡量农户生产行为的被解释变量,i 和 t 分别表示第 i 个农户和第 t 年。交乘项 Treat·Time 是核心解释变量,表示是否实施"价补分离"政策。Control 表示控制变量,包括户主年龄、受教育年限、是否为村干部,家庭农业劳动力数量,玉米收入占农户家庭收入比重,是否为大农户,玉米种植收入预期。α_i 表示个体固定效应,γ_i 表示年份固定效应,ε_{it} 表示随机干扰项。

4. 变量选择

第一,被解释变量。Y_{it} 为被解释变量。农户生产行为的变化主要体现在生产要素投入行为的变化。土地、劳动和资本是玉米种植中主要的生产要素,其中种植面积的变化反映土地投入的变化,玉米种植过程中单位面积用工量的变化反映劳动投入的变化,种子、化肥、农药、机械等各项物化资本投入的变化反映资本投入的变化。据此,本书选取了农户玉米播种面积、用工量和物化要素投入费用来衡量玉米种植农户的生产行为。

第二,核心解释变量。交乘项 Treat·Time 为核心解释变量,表示是否实施玉米"价补分离"政策。其中,Treat 为政策虚拟变量,对来自黑龙江、吉林、辽宁和内蒙古政策实施区的农户赋值为1,对来自河南、河北、山东、山西政策非实施区的农户赋值为0;Time 为政策实施期虚拟变量。2016年3月,国家出台"价补分离"政策,此时农民已经完成备耕工作,政策的生

产效应于 2017 年开始显现。因此，2016 年之后（2017 年、2018 年、2019
年）赋值为 1，2016 年之前（2014 年、2015 年、2016 年）赋值为 0。双重
差分估计量由 β_1 表示，反映玉米"价补分离"政策对农户生产行为的影响。

第三，控制变量。农户的玉米生产行为是在预期收益下，通过调整生
产要素投入作出的理性生产决策行为。农户根据上一期的玉米价格对未来
的市场价格进行预期，根据国家的收入补贴预测未来的收益。此外，户主
年龄、受教育年限、是否为村干部等农户的个人特征和家庭农业劳动力数
量、玉米收入占农户家庭收入比重、是否为大农户（本书中的大农户指种
植面积超过 50 亩的农户）等家庭特征也会对玉米生产产生影响，因此本书
对上述变量进行控制。

本书主要变量的含义和描述性统计结果见表 5-1。

表 5-1　主要变量的含义和描述性统计

变量名称	变量定义	平均值	标准差	最小值	最大值
lnarea	玉米播种面积 取对数（亩）	2.30	1.13	1.10	6.68
lnlabor	玉米用工数量 取对数（日 / 亩）	1.56	0.71	0.69	2.64
lnmaterials	玉米物质要素投入费用 取对数（元 / 亩）	5.94	3.57	5.80	6.21
age	户主年龄（岁）	53.08	9.56	25	78
edu	户主受教育年限（年）	6.46	3.33	0	15
leader	户主是否为村干部 是 =1；否 =0	0.12	0.32	0	1
people	家庭农业劳动力 数量（人）	2.12	1.17	2	4
ratio	玉米收入占农户家庭收入 比重（%）	36.47	10.89	3.25	100
farmer	是否为大农户 是 =1；否 =0	0.13	0.34	0	1
income	玉米种植收入预期（百元 / 亩）	4.93	2.03	0.60	9.70

（二）结果分析与讨论

1. 基准回归结果分析

本书运用 Stata15 软件根据式（5-1）模型，分别采用玉米播种面积的对数值 $\ln area_{it}$、玉米用工数量的对数值 $\ln labor_{it}$、玉米物质要素投入费用的对数值 $\ln materials_{it}$ 作为被解释变量来估计玉米"价补分离"政策对农户生产行为的影响。

表5-2中，没有加入控制变量的回归结果在（1）列、（3）列、（5）列中列出，加入控制变量的回归结果在（2）列、（4）列、（6）列中列出。根据检验结果，在以 $\ln area_{it}$、$\ln labor_{it}$ 和 $\ln materials_{it}$ 为被解释变量时，不管是否加入控制变量，交乘项 Treat·Time 均为负，且在1%的水平上显著。从（1）列、（3）列、（5）列中的系数大小来看，其他影响农户生产行为的因素在未控制时，处理组在受玉米"价补分离"这一政策冲击后玉米播种面积低于对照组约26%，玉米用工数量低于对照组约16%，玉米物质要素投入费用低于对照组约6%。从（2）列、（4）列、（6）列中的系数大小来看，在控制了其他影响农户生产行为的因素后，处理组在受玉米"价补分离"这一政策冲击后玉米播种面积低于对照组约20%，玉米用工数量低于对照组约10%，玉米物质要素投入费用低于对照组约4%。这表明，玉米"价补分离"政策对农户的生产行为产生了影响，其中对农户的土地投入行为影响最大。在临时收储政策实施期间，高位的临时收储价格拉动了玉米产量的激增，而玉米产量的大幅度增加主要来自玉米播种面积的扩大。2008—2015年，东北地区玉米产量增长的80%是玉米播种面积贡献的结果。"价补分离"政策的实施，使玉米种植农户的风险预期加大，减少玉米播种面积是农户规避风险最直接最简单的有效手段。因此，表现为土地投入行为对政策的敏感度最强。

表 5-2　玉米"价补分离"政策对农户生产行为影响的双重差分模型（DID）实证结果

	ln area$_{it}$		ln labor$_{it}$		ln materials$_{it}$	
	（1）	（2）	（3）	（4）	（5）	（6）
Treat·Time	−0.2628*** （−3.21）	−0.2041*** （−3.05）	−0.1593*** （−2.36）	−0.0973*** （−1.57）	−0.0643*** （−2.51）	−0.0411*** （−2.48）
age	—	−0.0571 （−0.37）	—	−0.0135 （−0.23）	—	−0.0053 （−0.19）
edu	—	−0.1153** （−2.35）	—	−0.0674** （−2.07）	—	−0.0198** （−2.26）
leader	—	0.1085** （2.21）	—	0.0469** （2.03）	—	0.0173** （2.17）
people	—	0.0454 （0.21）	—	0.0187 （0.24）	—	0.0045 （0.17）
ratio	—	0.1532*** （2.10）	—	0.0789*** （2.01）	—	0.0327*** （2.13）
farmer	—	0.1399** （2.36）	—	0.0677** （2.05）	—	0.0303** （2.48）
income	—	0.1731*** （3.28）	—	0.0829*** （2.64）	—	0.0389*** （2.91）
常数项	5.7391*** （18.46）	1.4264*** （6.73）	4.5053*** （20.48）	1.8446*** （5.15）	3.6412*** （15.12）	1.3152*** （6.27）
样本数	960	960	960	960	960	960
R^2	0.5162	0.7085	0.4155	0.6823	0.3006	0.5311

注：①括号内数字为稳健标准误差；②***、**、*分别表示在1%、5%和10%的水平上显著。

在考虑其他影响农户生产行为的因素时可见，户主受教育年限在5%的显著水平上与玉米播种面积、玉米用工数量、玉米物质要素投入费用负相关。说明农民从事玉米生产的意愿随受教育程度的升高而降低。究其原因，不难明白，如今我国玉米生产技术含量广泛偏低，生产者的文化水平对玉米种植的影响较低。同时，比较利益的驱动也是重要原因之一。文化水平越高的农民越容易接受新信息和新技术，越倾向于从事劳动报酬高的工作。是否为村干部在5%的显著水平上与玉米生产行为呈正相关。村干部在获取外界信息、政策解读等方面的能力更强，更可能对玉米生产作出行为选择。玉米收入占农户家庭收入比重在1%的显著水平上与玉米播种面积、玉米用工量、玉米物质要素投入费用正相关。农户家庭收入中玉米收入所占比重越大，说明农户对玉米生产的依赖度越强，则对玉米生产投入要素的关注度越高。是否为大农户在5%的显著水平上与玉米生产行为呈正相关。大农户对市场价格变动比较敏感，当面临市场风险时，大农户比小农户更可能作出调整生产行为的选择。农户对玉米种植收入预期在1%的显著水平上与玉米播种面积、玉米用工数量、玉米物质要素投入费用正相关。说明预期收入越高，越会增加生产要素的投入。此外，户主年龄和家庭农业劳动力数量的影响均不显著。

2. 玉米"价补分离"政策对农户生产行为影响的动态效应

表5-2中的回归结果为玉米"价补分离"政策对农户生产行为的平均效应，但并未说明该政策的影响是否具有持续性。因此，本书对政策影响的动态效应进行检验，回归结果如表5-3所示。

表5-3 玉米"价补分离"政策对农户生产行为影响的动态效应检验结果

	ln area$_{it}$		ln labor$_{it}$		ln materials$_{it}$	
	（1）	（2）	（3）	（4）	（5）	（6）
Treat · Time[7]	−0.2422** （−2.41）	−0.1853** （−2.35）	−0.1044** （−2.36）	−0.0673** （−2.67）	−0.0409** （−2.81）	−0.0201** （−3.61）
Treat · Time[8]	0.1423** （3.25）	0.0891** （3.65）	−0.0307** （−2.47）	−0.0105** （−2.81）	0.0208** （3.28）	0.0183** （2.63）
Treat · Time[9]	−0.1688** （−2.17）	−0.1096** （−2.43）	−0.0316** （−2.36）	−0.0174** （−2.25）	−0.0432** （−1.96）	−0.0298** （−2.31）

续表

	ln area$_{it}$		ln labor$_{it}$		ln materials$_{it}$	
	（1）	（2）	（3）	（4）	（5）	（6）
控制变量	否	是	否	是	否	是
常数项	10.0407** （52.35）	1.7583** （7.26）	6.3035** （31.29）	1.0307** （9.42）	4.1179** （40.97）	0.9875** （8.70）
样本数	960	960	960	960	960	960
R^2	0.5523	0.7417	0.4512	0.7201	0.3376	0.5628

注：①括号内数字为稳健标准误差；② ***、**、* 分别表示在1%、5%和10%的水平上显著；③ Treat·Time^{k}表示玉米"价补分离"政策实施后的k年的交乘项。

从表5-3可见，不管是否加入控制变量，在以玉米播种面积的对数值ln area$_{it}$、玉米物质要素投入费用的对数值ln materials$_{it}$作为被解释变量时，交乘项Treat·Time^7、Treat·Time^{9}的系数均为负，交乘项Treat·Time^{8}的系数为正，且在5%的水平上显著。在以玉米用工数量的对数值ln labor$_{it}$作为被解释变量时，交乘项Treat·Time^7、Treat·Time^8、Treat·Time^{9}的系数均为负，且在5%的水平上显著。说明玉米"价补分离"政策实施之初，实现了调减玉米播种面积的政策目标，农户相应减少了劳动和物质要素的投入。但是在政策实施的第三年即2018年，玉米"价补分离"政策导致政策实施区域玉米面积增加，农民复种现象明显，物质要素的投入相应增加，由于玉米生产机械化程度的提高，用工量依然呈现减少趋势。2019年即政策实施的第四年，玉米播种面积再次回落，物质要素的投入相应回落，劳动的投入继续减少。玉米"价补分离"政策的政策目标之一是合理引导农户生产决策，调整农户的种植结构。在实施政策的最初阶段，对农户生产行为影响较大，调结构效果显著，但后续效应减弱。值得关注的是政策实施期间，产生了政策效果与政策目标偏离现象，农户不但没有调减土地、物质要素的投入，反而增加了这些要素的投入。此种现象揭示出以

"市场化收购"加"补贴"为核心的玉米"价补分离"政策虽然迈出了市场化改革的关键步伐，但由于补贴标准仅依据播种面积和单产设定，补贴额度的设定简单粗放，难以真实反映市场供求及国内外玉米价格联动关系。农户会将生产者补贴附加在市场价格上作为最终实际价格，这在一定程度上会造成价格信号失真，不能合理引导农户的生产决策，给玉米市场带来不确定性。

3. 玉米"价补分离"政策对不同区域农户生产行为影响的异质性检验

"市场化收购＋补贴"的玉米"价补分离"政策按照玉米产能分配生产者补贴资金，将补贴资金向优势产区集中，依托不同区域差异补贴的方式，在保持优势产区农户玉米种植收益基本稳定的同时，促进玉米非优势产区种植结构调整。这一政策目标是否会导致政策对农户生产行为的影响在不同区域间表现出一定的异质性？针对这一问题，本书分玉米优势产区和玉米非优势产区样本分别对式（5-1）进行回归，回归结果如表5-4所示。表5-4结果显示，玉米"价补分离"政策对玉米非优势产区农户的生产行为影响较大，对玉米优势产区农户的生产行为影响较小。其主要原因在于，从玉米优势产区的资源禀赋来看，生产条件最适宜种植玉米和大豆，面对玉米价格下行趋势，大豆对玉米的替代效应并不明显。相较玉米来讲，大豆种植风险大、效益低。2018年东北地区的玉米单产平均为954.64斤/亩，大豆单产平均为258.30斤/亩，玉米单产是大豆的3.70倍，而大豆单价只是玉米单价的2.11倍，玉米与大豆之间形成了明显的比较收益差别。随着大豆振兴计划的实施，大豆生产者补贴力度强劲，2019年东北三省及内蒙古自治区的大豆生产者补贴平均高于玉米生产者补贴178.5元/亩，同时部分地区还实施了"豆—米—豆"轮作补贴。大豆种植补贴的增加，一定程度上刺激了农户大豆种植的积极性，但是农户对其可持续性仍存在疑虑，特别是对于玉米优势产区的农户来说，其生产行为响应滞后。就玉米非优势产区而言，脆弱的生态环境导致玉米单产低，失去临时收储价格的保护，

"市场价格＋补贴"后的玉米最终实际价格的边际收益递减，倒逼部分玉米种植户调整种植结构。从空间特征维度来看，玉米"价补分离"政策对农户生产行为的影响呈现出玉米非优势产区优先于玉米优势产区的特点，既保证了优势产区农户玉米基本收益，又调减了非优势产区玉米种植面积，实现了种植业区域布局的优化。

表5-4　玉米"价补分离"政策对玉米优势产区与玉米非优势产区农户生产行为的影响

产区	变量	$\ln \text{area}_{it}$		$\ln \text{labor}_{it}$		$\ln \text{materials}_{it}$	
玉米优势产区	Treat·Time	−0.0184* (−1.91)	−0.0132* (−1.87)	−0.0109* (−1.75)	−0.0063* (−1.51)	−0.0045* (−1.43)	−0.0027* (−1.38)
	控制变量	未控制	已控制	未控制	已控制	未控制	已控制
	常数项	1.8935* (8.65)	0.6001* (11.93)	1.4864* (10.23)	0.7760* (13.19)	1.2013* (11.39)	0.5533* (13.87)
	时间固定效应	已控制	已控制	已控制	已控制	已控制	已控制
	个体固定效应	已控制	已控制	已控制	已控制	已控制	已控制
	样本数	576	576	576	576	576	576
	R^2	0.5107	0.6979	0.4093	0.6929	0.2974	0.5232
玉米非优势产区	Treat·Time	−0.2967** (−2.14)	−0.2913** (−2.52)	−0.1798** (−2.30)	−0.1389** (−2.47)	−0.0726** (−2.37)	−0.0587** (−2.51)
	控制变量	未控制	已控制	未控制	已控制	未控制	已控制
	常数项	10.4581** (48.21)	1.6733** (7.31)	8.2098** (46.72)	2.1639** (6.16)	6.6352** (46.12)	1.5429** (7.83)
	时间固定效应	已控制	已控制	已控制	已控制	已控制	已控制
	个体固定效应	已控制	已控制	已控制	已控制	已控制	已控制
	样本数	384	384	384	384	384	384
	R^2	0.5400	0.7957	0.4393	0.7695	0.3145	0.5965

注：①括号内数字为稳健标准误差；②***、**、*分别表示在1%、5%和10%的水平上显著。

4.共同趋势检验

运用双重差分模型（DID）评估"价补分离"政策对农户玉米生产行

为影响的基本假设条件：在未实施玉米"价补分离"政策情况下，政策实施区域与未实施区域农户玉米生产行为有共同趋势。不满足共同趋势假设，将导致前文的研究结论不成立。为排除这种潜在影响，进行反事实的平行趋势检验。基于式（5-1），选择2014年为基期，从表5-5可见，2015—2016年对应系数均不显著，即处理组与对照组的农户玉米生产行为在政策实施前的差异基本一致，共同趋势的假设条件得到满足，双重差分模型（DID）可以评估"价补分离"政策实施对农户玉米生产行为的因果影响。

表5-5　共同趋势检验结果

变量	$\ln\ area_{it}$	$\ln\ labor_{it}$	$\ln\ materials_{it}$
Treat・2015	−0.063 （−0.948）	−0.026 （−0.661）	−0.035 （−0.765）
Treat・2016	0.008 （0.096）	0.017 （0.416）	0.023 （1.001）
控制变量	是	是	是
常数项	12.138** （95.472）	10.286* （84.461）	11.732** （90.352）
样本数	960	960	960
R^2	0.939	0.967	0.915

注：①括号内数字为 t 值；②**、*分别表示在5%和10%的水平上显著。

　　玉米"价补分离"政策是我国深化农产品价格形成机制改革的重要探索之一。本书基于2014—2019年我国8个省（区）960户农户的面板数据，在分析玉米"价补分离"政策对农户生产行为影响机制的基础上运用双重差分模型（DID）评估了玉米"价补分离"政策对农户生产行为的影响，主要得出如下结论：首先，从平均特征维度来看，玉米"价补分离"政策影响了农户的生产行为，减少了玉米生产过程中土地、劳动和物质要素的投入，其中对农户的玉米种植土地投入行为影响最大，对物质要素投入行为影响最小。虽然玉米"价补分离"政策整体上引导了农户的生产行为，使农户调减了玉米播种面积，相应减少了劳动和物质要素投入，但是与其对玉米播种面积的影响程度相比，其对物质要素投入费用的影响很小，即物质要素投入费用并没有随着种植面积的下降而合理地减少。这从一个角度说明了目前我国玉米主产区的玉米生产成本仍然过高，玉米的国际竞争力弱。其次，从动态特征维度来看，玉米"价补分离"政策实施之初，对农户生产行为影响较大，取得了较好的种植结构调整效果，但是后续效应减弱。特别是政策实施的第三年，产生了政策效果与政策目标偏离现象，农户不但没有调减土地、物质要素的投入，反而增加了这些要素的投入。说明玉米"价补分离"政策的政策效果具有一定的反复性、波动性和不确定性，而这种结果的出现主要源自生产者补贴政策的待完善。最后，从空间特征维度来看，玉米"价补分离"政策对农户生产行为的影响呈现出玉米非优势产区大于玉米优势产区的特点，即玉米"价补分离"政策对玉米非优势产区农户的生产行为影响较大，对玉米优势产区农户的生产行为影响较小。达到了既保证优势产区农户玉米基本收益，又调减非优势产区玉米种植面积，实现种植业区域布局优化的政策目标。

第二节　玉米收储政策改革的收入效应分析

玉米价格在不同区域具有不同意义，玉米是东北地区农民收入的重要来源，因此玉米收储政策改革对农民收入的影响是一个不容忽视的问题。就黑龙江省而言，《黑龙江统计年鉴》相关数据显示，2015年玉米临时收储价格较2014年下调0.11元/斤，仅此一项，全省农民年人均收入下降700元左右。2016年回归市场的玉米价格继续下跌，全省农民年收入减少360亿元，扣除玉米生产者补贴仍然减收200亿元左右，农民年人均收入下降1000元以上。从农民人均可支配收入增速看，2015—2017年，黑龙江省农民人均可支配收入年增速仅有6.14%、6.64%和7.04%，分别位于全国第30

位、第31位和第28位。从农民收入绝对值看，黑龙江省农民收入在全国的排名由2014年的第12位降至2019年的第19位，由高于全国平均水平转为低于全国平均水平。

就国家重要的玉米生产基地吉林省而言，根据《全国农产品成本收益资料汇编》，2014年吉林省玉米平均单产492.98千克/亩，平均种植成本817.61元/亩，按照玉米临时收储价格2.24元/千克计算，种植玉米平均收入1104.28元/亩，平均收益286.67元/亩。2015年吉林省玉米种植面积6376.59万亩，在单产和种植成本不变的情况下，玉米临时收储价格下降至2.00元/千克，农户种植玉米平均收益较2014年减少118.32元/亩，全省减收75.45亿元。截至2016年12月底，吉林省玉米价格1.57元/千克，加上国家给予农户玉米生产者补贴平均0.30元/千克，玉米种植收益104.26元/亩，比2014年和2015年分别下降63.63%和38.07%。从农民人均可支配收入看，2015—2019年吉林省农民人均可支配收入年增速仅有5.07%、7.03%、6.83%、6.16%和8.64%，分别位于全国第31位、第28位、第30位、第30位和第28位。从农民收入绝对值看，吉林省农民收入在全国的排名由2014年的第11位降至2019年的第20位，由高于全国平均水平转为低于全国平均水平。

为了更详尽地了解玉米收储政策改革的收入效应，本书对玉米"价补分离"政策实施区域黑龙江、吉林、辽宁、内蒙古和非政策实施区域河南、河北、山东、江西的玉米种植农户进行了调研，运用双重差分模型（DID）进行实证分析。

一、样本农户收入特征

（一）样本分布

本书选择种植玉米的农户作为研究样本，样本主要分布在玉米"价补分离"政策的实施区域黑龙江、吉林、辽宁、内蒙古，玉米种植面积较大的非政策实施区域河南、河北、山东、山西。在黑龙江、吉林、辽宁、内蒙古分别选取了11、15、8、6个村，共计579个样本量；在非政策实施区的河南、河北、山东、山西分别选取了7、7、7、6个村，共计381个样本量（见表5-6）。

表5-6　样本分布情况

	省份	村（个）	样本量（个）	样本量占比（%）	政策开始实施年份
政策实施区	黑龙江	11	162	16.88	2016
	吉林	15	216	22.50	2016
	辽宁	8	121	12.60	2016
	内蒙古	6	80	8.33	2016
	小计	40	579	60.31	—
非政策实施区	河南	7	97	10.10	—
	河北	7	100	10.42	—
	山东	7	98	10.21	—
	山西	6	86	8.96	—
	小计	27	381	39.69	—

数据来源：根据实际调研数据整理而得。

（二）样本农户收入的描述性统计分析

1. 样本农户人均家庭收入、人均玉米收入情况

从图5-11可知，2014—2019年样本农户人均家庭收入、人均玉米收入及人均玉米收入占人均家庭收入比重情况。从图5-12可知，2014—2019年样本农户的人均家庭收入呈增长趋势，样本农户人均家庭收入2019年比2014年增长33.13%，年均增长5.89%。同期，样本农户人均玉米收入总体呈现先下降后上升的U形特征。2016年人均玉米收入达到最低点，比2014年下降17.81%。此后人均玉米收入有所回升，但并没有恢复到玉米临时收储政策实施期间的水平。人均玉米收入占人均家庭收入比重由2014年的49.84%下降至2019年的37.28%，下降了12.56个百分点。可见，自2015年国家释放玉米收储政策改革的信号至2016年正式实施政策，对农户人均玉米收入冲击较大，此后效应逐渐减弱。

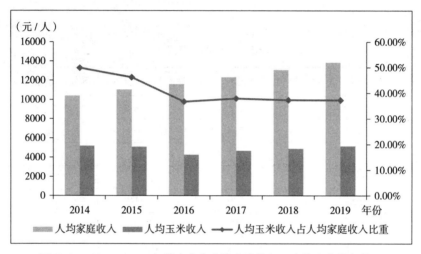

图5-11　2014—2019年样本农户人均家庭收入、人均玉米收入情况

数据来源：根据实际调研数据整理而得。

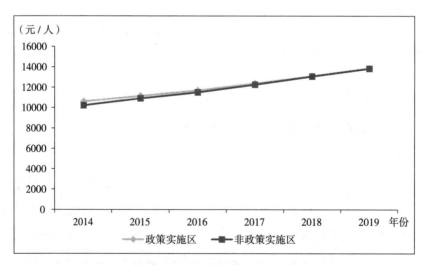

图5-12　2014—2019年样本农户人均家庭收入情况

数据来源：根据实际调研数据整理而得。

2. 政策实施区与非政策实施区样本农户人均家庭收入情况

2014—2019 年政策实施区和非政策实施区样本农户人均家庭收入均呈现上涨趋势。2014 年政策实施区家庭收入比非政策实施区家庭收入高389.30 元 / 人，此后差距逐渐缩小，2019 年政策实施区家庭收入比非政策实施区家庭收入仅高 23.63 元 / 人。2014—2019 年政策实施区人均家庭收入增长率为 30.80%，非政策实施区人均家庭收入增长率为 35.55%，非政策实施区比政策实施区高出 4.75 个百分点（见图 5-12）。因此，从政策实施区和非政策实施区人均家庭收入变化的差异可以初步判断玉米"价补分离"政策对玉米种植户人均家庭收入存在一定的影响。

3. 政策实施区与非政策实施区样本农户人均玉米收入情况

2014—2019 年政策实施区样本农户人均玉米收入均高于非政策实施区样本农户人均玉米收入。政策实施区样本农户人均玉米收入呈现出先下降后上升的 U 形特征，2016 年政策实施区样本农户人均玉米收入达到谷底，较 2014 年下降 26.55%，此后政策实施区样本农户人均玉米收入呈现上升趋势。2016—2019 年政策实施区样本农户人均玉米收入年均递增 9.85%，但仍然没有恢复到 2014 年水平。非政策实施区样本农户人均玉米收入比较平稳，略有上升（见图 5-13）。因此，从政策实施区和非政策实施区人均玉米

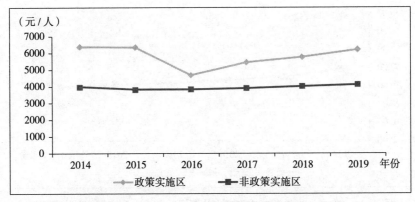

图 5-13　2014—2019 年样本农户人均玉米收入情况

数据来源：根据实际调研数据整理而得。

收入变化的差异可以初步判断，玉米"价补分离"政策对政策实施区玉米种植户人均玉米收入影响明显，特别是政策实施当年的影响最大。

4. 政策实施区与非政策实施区样本农户人均玉米收入占人均家庭收入比重情况

图5-14为2014—2019年样本农户人均玉米收入占人均家庭收入的比重情况。从图5-14可以看出，政策实施区的人均玉米收入占人均家庭收入的比重均高于非政策实施区。2014—2019年政策实施区人均玉米收入占人均家庭收入的比重平均为48.32%；非政策实施区人均玉米收入占人均家庭收入的比重平均为33.32%，政策实施区比非政策实施区高15个百分点。2014—2016年，政策实施区人均玉米收入占人均家庭收入比重由60.18%下降至40.01%，此后该比重有所回升，2019年回升至44.79%。自2014年以来，非政策实施区人均玉米收入占人均家庭收入的比重一直呈下降趋势，由2014年的39.11%下降至2019年的29.75%。因此，从政策实施前后政策实施区和非政策实施区人均玉米收入占人均家庭收入比重的变化趋势差异可以初步判断玉米"价补分离"政策对政策实施区玉米种植户人均玉米收入占人均家庭收入的比重有影响。

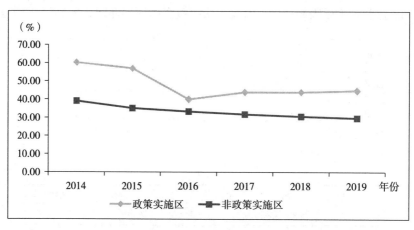

图5-14 2014—2019年样本农户人均玉米收入占人均家庭收入比重情况

数据来源：根据实际调研数据整理而得。

综上，根据玉米"价补分离"政策实施前后政策实施区与非政策实施区样本农户人均家庭收入、人均玉米收入和人均玉米收入占人均家庭收入比重的统计分析可以看出，玉米"价补分离"政策对政策实施区域的农户收入产生了一定影响。为了更精准地分析玉米"价补分离"政策的收入效应，本书将运用计量模型进行深入探究。

二、理论分析框架

根据玉米"价补分离"政策实施—农户生产行为变化—政策目标实现的传导机制，可以发现玉米"价补分离"政策的收入效应最终主要体现为农户玉米收入和家庭收入的变化。因此，本书主要从这两个方面分析玉米"价补分离"政策的收入效应。

（一）基于农户玉米收入视角的玉米"价补分离"政策收入效应

实施玉米"价补分离"政策后，在农户不改变生产行为的情况下，与临时收储政策实施期间相比其玉米收入可能发生两种变化。当玉米市场价格与玉米生产者补贴合计低于临时收储价格时，农户的玉米收入减少；当玉米市场价格与玉米生产者补贴合计高于临时收储价格时，农户的玉米收入增加。与非政策实施区的农户相比，由于生产者补贴的存在，政策实施区的玉米种植户玉米收入可能会高于非政策实施区玉米种植户的玉米收入。

（二）基于农户家庭收入视角的玉米"价补分离"政策收入效应

对于玉米"价补分离"政策实施后不改变生产行为的农户而言，其家庭总收入会随着玉米收入的变化而变化。一般来说，这类农户的家庭总收入主要来源于玉米收入，该类农户不会将劳动时间或劳动力分配到其他生产活动中去。对于玉米"价补分离"政策实施后改变生产行为的农户而言，该类农户抑或减少玉米种植，增加种植收益更高的其他粮食作物或经济作物；抑或从事其他农业生产活动；抑或进城务工。该类农户将劳动时间或劳动力分配到其他生产活动中去，可能会提高家庭总收入。

三、研究方法

（一）模型设定

玉米"价补分离"政策实施的地区是东北三省和内蒙古自治区，其余省份不涉及此项改革。根据这一异质性，本书选取受改革影响的东北三省和内蒙古自治区作为处理组和不受改革影响的河南、河北、山东、山西作为对照组。如果在没有收储制度改革时处理组和对照组有一致的变动趋势，则可以用对照组的变动趋势对未发生改革时处理组的反事实情形进行估计。继而基于处理组在发生改革时的真实情况，对玉米"价补分离"政策实施的影响进行评估。根据这一思路，本书运用双重差分模型（DID）分析玉米"价补分离"政策的收入效应。基准模型设定如下：

$$Y_{it}=\beta_0+\beta_1\times Treatment_i+\beta_2\times Period_t+\beta_3\times Treatment_i\times Period_t+\varepsilon_{it} \quad （5-2）$$

式（5-2）中，Y_{it} 是衡量农户收入的被解释变量，i 和 t 分别表示第 i 个农户和第 t 年；$Treatment_i$ 是政策虚拟变量；$Period_t$ 是政策实施期虚拟变量；上述两个虚拟变量的交互项 $Treatment_i\times Period_t$ 是核心解释变量，表示是否实施玉米"价补分离"政策；该项的系数 β_3 表示玉米"价补分离"政策实施后政策实施区与非政策实施区在农户收入方面的差异，即政策的实施效果；ε_{it} 表示随机干扰项。本书使用 OLS 方法对模型进行估计。

（二）变量说明及描述性统计

实证研究中将政策实施区 579 户农户作为处理组，将非政策实施区 381 户农户作为对照组。

1. 被解释变量

Y_{it} 为被解释变量。本书选取农户的人均玉米收入和人均家庭收入两个指标。人均玉米收入由玉米收入除以家庭总人口数得出，人均家庭收入由家庭总收入除以家庭总人口数得出。

2. 核心解释变量

交互项 $Treatment_i \times Period_t$ 为核心解释变量。其中，$Treatment_i$ 是政策虚拟变量。当农户 i 属于处理组时，该变量赋值为 1；当农户 i 属于对照组时，该变量赋值为 0。即对来自黑龙江、吉林、辽宁和内蒙古政策实施区的农户赋值为 1，对来自河南、河北、山东、山西政策非实施区的农户赋值为 0。$Period_t$ 是政策实施期虚拟变量，2016 年 3 月，国家出台"价补分离"政策。因此，2016 年及之后年份（2016 年、2017 年、2018 年、2019 年）赋值为 1，2016 年之前（2014 年、2015 年）赋值为 0。$Treatment_i \times Period_t$ 的系数衡量政策实施区农户在玉米"价补分离"政策实施前后人均家庭收入（人均玉米收入）变化与非政策实施区农户在玉米"价补分离"政策实施前后人均家庭收入（人均玉米收入）变化的差距。如果该系数大于零，意味着玉米"价补分离"政策使得政策实施区农户人均家庭收入（人均玉米收入）的变化幅度大于非政策实施区农户人均家庭收入（人均玉米收入）的变化幅度。反之亦然。

3. 控制变量

本书的控制变量分为三类，第一类控制变量基于农户个人特征，选择年龄、受教育程度、是否为村干部、是否参加过农业培训四个变量。第二类控制变量基于农户经营特征，选择玉米种植规模、耕地总面积、农业劳动力比例、玉米物质要素投入费用四个变量。第三类控制变量基于区域经济特征，选择产业结构、人均 GDP 两个变量（见表 5-7）。

表 5-7 变量说明及描述性统计分析

变量类型		变量名	变量含义	均值	标准差
被解释变量 人均家庭收入		人均玉米收入	人均玉米收入的对数值	7.92	1.26
		人均家庭收入的对数值		9.86	0.72	—
核心解释变量		是否实施玉米 "价补分离"政策	是 =1；否 =0	0.60	0.49
控制 变量	个人 特征	年龄	户主实际年龄（岁）	53.08	9.56
		受教育程度	户主受教育年限（年）	6.46	3.33
		是否为村干部	是 =1；否 =0	0.12	0.32
		是否参加过农业培训	是 =1；否 =0	0.29	0.45
	经营 特征	玉米种植规模	玉米播种面积取对数	2.30	1.13
		耕地总面积	耕地面积取对数	2.61	0.92
		农业劳动力比例	家庭农业劳动力人数占家庭 总人数比例（%）	0.72	0.27
		玉米物质要素投入费用	玉米物质要素投入费用取对数	5.94	3.57
	区域经 济特征	产业结构	第一产业增加值比重（%）	10.55	5.58
		人均 GDP	人均 GDP 取对数	10.85	0.23

四、实证分析

（一）基于农户玉米收入视角的玉米"价补分离"政策收入效应

1. 基准回归结果

表 5-8 的基准回归结果为基于农户玉米收入视角的玉米"价补分离"政策的收入效应。从模型 1 的基准回归结果可以看出政策虚拟变量的系数显著为正，说明处理组农户人均玉米收入高于对照组农户人均玉米收入。在政策实施期间，其虚拟变量系数显著为负。这表明实施玉米"价补分离"政策后农户人均玉米收入呈现下降趋势，下降的幅度为 25.1%。政策虚拟变量和政策实施期虚拟变量的交互项系数显著为正，为 0.186，说明玉米"价补分离"政策使得政策实施区农户人均玉米收入下降了 6.5%。综上可见，

虽然玉米价格由市场供求决定，低于临时收储时期的玉米价格，但在玉米生产者补贴的作用下，农户人均玉米收入的下降幅度得到了延缓。

2.稳健性检验

本书对表5-8中模型1的结果进行了稳健性检验。首先，考虑玉米生产的周期性特点，控制了年份固定效应，结果见模型2，在控制了年份固定效应后，模型1的结果仍然成立。其次，在考虑玉米生产周期性特点的基础上，进一步考虑到玉米生产的地域性差异，控制了省份固定效应，结果见模型3，在控制了年份和省份固定效应后，前述结论仍然成立。最后，鉴于个人特征、经营特征、区域经济特征等因素，本书分别在模型1、模型2、模型3中增加了农户年龄、受教育程度、是否为村干部、是否参加过农业培训、玉米种植规模、耕地总面积、农业劳动力比例、玉米物质要素投入费用、产业结构、人均GDP等变量。结果见模型4、模型5、模型6。可见，加入这些变量后，模型1—3的结论仍然成立。

表5-8 玉米"价补分离"政策对人均玉米收入的影响

变量名	模型1	模型2	模型3	模型4	模型5	模型6
Treatment × Period	0.186*** （0.021）	0.186*** （0.021）	0.186*** （0.021）	0.171*** （0.019）	0.180*** （0.028）	0.180*** （0.028）
Treatment	1.073*** （0.176）	1.074*** （0.172）	1.074*** （0.172）	4.172*** （1.004）	4.153*** （0.983）	4.153*** （0.983）
Period	−0.251*** （0.019）	−0.369*** （0.024）	−0.369*** （0.024）	−0.121*** （0.026）	−0.259*** （0.021）	−0.259*** （0.021）
年龄				0.066 （0.019）	0.067 （0.018）	0.067 （0.018）
受教育程度				0.845*** （0.243）	0.845*** （0.237）	0.845*** （0.237）
是否为村干部				0.639** （0.431）	0.660** （0.421）	1.057** （0.482）
是否参加过农业培训				0.913*** （0.320）	0.918*** （0.313）	0.918*** （0.313）

续表

变量名	模型 1	模型 2	模型 3	模型 4	模型 5	模型 6
玉米种植规模				0.565*** （0.071）	0.527*** （0.070）	0.527*** （0.070）
耕地总面积				0.009*** （0.002）	0.010*** （0.002）	0.010*** （0.002）
农业劳动力比例				0.057 （0.017）	0.042 （0.013）	0.042 （0.013）
玉米物质要素投入费用				0.025*** （0.011）	0.025*** （0.011）	0.025*** （0.011）
产业结构				−0.518** （0.097）	−0.239 （0.676）	−0.239 （0.676）
人均 GDP				−0.625** （0.099）	−0.348 （0.683）	−0.348 （0.683）
农户固定效应	是	是	是	是	是	是
年份固定效应	否	是	是	否	是	是
省份固定效应	否	否	是	否	否	是
样本数	960	960	960	931	931	931
R^2	0.950	0.952	0.952	0.961	0.962	0.962

注：①括号内数字为稳健标准误差；②***、**分别表示在1%、5%的水平上显著。

（二）基于农户家庭收入视角的玉米"价补分离"政策收入效应

1. 基准回归结果

表5-9的基准回归结果为基于农户家庭收入视角的玉米"价补分离"政策的收入效应。从模型1的基准回归结果可以看出政策虚拟变量的系数为负，但是不显著，说明处理组农户人均家庭收入与对照组农户人均家庭收入差距并不显著。政策实施期虚拟变量的系数显著为正，表明政策改革前后农户人均家庭收入呈现上升趋势。政策虚拟变量和政策实施期虚拟变量的交互项系数显著为负，说明玉米"价补分离"政策阻碍了政策实施区农户人均家庭收入的增长。

2. 稳健性检验

本书对表5-9中模型1的结果进行了稳健性检验。首先，考虑玉米价格、替代品价格、农户外出务工工资等因素，控制了年份固定效应，结果见模型2，在控制了年份固定效应后，模型1的结果仍然存在。其次，进一步考虑到农户家庭收入具有地域性特征，会呈现出地域性差异，所以控制了省份固定效应，结果见模型3，在控制了年份和省份固定效应后，前述结论仍然成立。最后，鉴于个人特征、经营特征、区域经济特征等因素，本书分别在模型1、模型2、模型3中增加了农户年龄、受教育程度、是否为村干部、是否参加过农业培训、玉米种植规模、耕地总面积、农业劳动力比例、玉米物质要素投入费用、产业结构、人均GDP等变量。结果见模型4、模型5、模型6。可见，加入这些变量后，模型1—3的结论仍然成立。

综上所述，就农户玉米收入而言，玉米"价补分离"政策的实施使得政策实施区农户人均玉米收入水平下降，但在玉米生产者补贴的作用下，政策实施区农户人均玉米收入的下降幅度得到了延缓。就农户家庭收入而言，虽然玉米"价补分离"政策实施前后政策实施区农户的人均家庭收入始终呈现上升趋势，但该项政策的实施阻碍了政策实施区农户人均家庭收入的增长。

表5-9　玉米"价补分离"政策对人均家庭收入的影响

变量名	模型1	模型2	模型3	模型4	模型5	模型6
Treatment × Period	-0.058*** （0.010）	-0.058*** （0.010）	-0.058*** （0.010）	-0.033*** （0.010）	0.056*** （0.015）	0.056*** （0.015）
Treatment	-0.109 （0.072）	-0.109 （0.071）	-0.109 （0.071）	-0.036 （0.466）	-0.031 （0.466）	-0.031 （0.466）
Period	0.078*** （0.009）	0.113*** （0.011）	0.113*** （0.011）	0.108* （0.097）	0.199** （0.103）	0.199** （0.103）
年龄				0.005 （0.011）	0.005 （0.011）	0.005 （0.011）
受教育程度				0.168 （0.112）	0.169 （0.112）	0.169 （0.112）

变量名	模型 1	模型 2	模型 3	模型 4	模型 5	模型 6
是否为村干部				0.018 （0.086）	0.018 （0.084）	0.018 （0.084）
是否参加过农业培训				0.016 （0.203）	0.012 （0.202）	−1.573** （0.213）
玉米种植规模				0.008*** （0.001）	0.008*** （0.001）	0.008*** （0.001）
耕地总面积				0.006*** （0.000）	0.006*** （0.000）	0.006*** （0.000）
农业劳动力比例				0.235 （0.762）	0.243 （0.760）	0.243 （0.760）
玉米物质要素投入费用				−0.121 （0.137）	−0.120 （0.137）	−0.120 （0.137）
产业结构				0.215** （0.039）	0.146** （0.042）	0.146** （0.042）
人均 GDP				0.398*** （0.048）	0.267*** （0.047）	0.267*** （0.047）
农户固定效应	是	是	是	是	是	是
年份固定效应	否	是	是	否	是	是
省份固定效应	否	否	是	否	否	是
样本数	960	960	960	931	931	931
R^2	0.971	0.971	0.971	0.973	0.974	0.974

注：①括号内数字为稳健标准误差；②***、**、*分别表示在 1%、5%、10% 的水平上显著。

第三节　玉米收储政策改革的补贴效应分析

本书中玉米收储政策改革的补贴效应，是指玉米种植户对玉米生产者补贴政策的认知和评价。一项政策实施后，如果政策对象认为自己的利益诉求得到了满足，则会表现出较高的积极性，焕发出较高的热情，进而促进社会进步。为了从整体上衡量政策对社会的宏观影响，可以将政策对象对政策的认知和回应作为政策评估标准。玉米生产者补贴政策的实施是否真实反映了玉米种植户的需求与偏好？玉米种植户对该项政策的认知度与满意度如何？本书通过分析玉米收储政策改革的补贴效应，为玉米生产者补贴政策的完善提供科学参考。

一、理论分析框架与研究假设

政策对象对政策是否满意主要取决于政策预期与政策获得之间是否存在偏差。如果政策预期高于政策获得，则政策对象对政策的满意度较低；若政策获得高于预期，则政策对象对政策的满意度较高。在政策实际执行过程中，政策多元目标或上下级政策目标的冲突会产生政策落实不到位等问题的出现，使得政策对象形成政策的负向排斥。图5-15为政策认知—期望与现实偏差—政策满意度的分析框架。

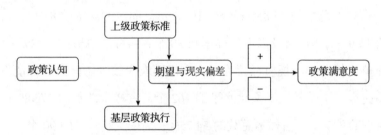

图 5-15 政策认知—期望与现实偏差—政策满意度的分析框架

基于上述分析框架，本书提出如下两个研究假设：

H1：玉米种植户对玉米生产者补贴政策标准认知程度越高，对政策的满意度越高；

H2：玉米种植户对玉米生产者补贴政策目标认知程度越高，对政策的满意度越高。

二、数据来源与样本特征

本书的数据主要来源于2020年7—9月课题组成员及吉林农业大学经济管理学院博士研究生、硕士研究生分别前往黑龙江省肇东市、海伦市，吉林省农安县、榆树市、梨树县、洮南市，辽宁省昌图县、开原市、内蒙古自治区赤峰市、通辽市等地开展的实地调研，涉及 10 个市（县），40 个村，共发放问卷 600 份，收回有效问卷 579 份，问卷有效率为 96.5%。

　　从调查农户的基本特征看，就年龄结构而言，玉米种植户的平均年龄为 52 岁，最大年龄为 75 岁，最小年龄为 30 岁。46 岁至 65 岁的样本数为 435 个，占样本总数的 75.13%；45 岁及以下的样本数为 115 个，占样本总数的 19.86%；66 岁及以上的样本数为 29 个，占样本总数的 5.01%。可见，玉米种植户仍以中老年人为主，年轻人较少。就玉米经营规模而言，样本农户玉米户平均经营规模为 28 亩，最大经营规模为 300 亩，最小经营规模为 1 亩。在 579 个样本农户中，玉米经营规模主要集中在 30 亩及以下，样本数量合计为 382 个，占样本总数的 65.98%；（30,50）亩区间内的样本数 86 个，占样本总数的 14.85%；（50,100）亩区间内的样本数 81 户，占样本总数的 13.99%；101 亩及以上的样本数 30 个，占样本总数的 5.18%。可见，玉米种植户仍以中小规模经营为主，大规模农户较少。就玉米种植户受教育水平而言，小学及以下文化水平的 162 个，占样本总数的 27.98%；初中文化水平的 317 个，占样本总数的 54.75%；高中文化水平的 90 个，占样本总数的 15.54%；大专及以上水平的 10 个，占样本总数的 1.73%。可见，玉米种植户受教育水平不高，仍以初中文化水平为主（见表 5-10）。

表 5-10　玉米种植户样本基本特征

年龄（岁）	样本数（个）	占比（%）	玉米种植面积（亩）	样本数（个）	占比（%）	受教育水平	样本数（个）	占比（%）
45 及以下	115	19.86	30 及以下	382	65.98	小学及以下	162	27.98
46—55	233	40.24	31—50	86	14.85	初中	317	54.75
56—65	202	34.89	51—100	81	13.99	高中	90	15.54
66 及以上	29	5.01	101 及以上	30	5.18	大专及以上	10	1.73

数据来源：根据实际调研整理而得。

三、玉米种植户对玉米生产者补贴政策的认知及评价

（一）样本农户对玉米生产者补贴政策的认知情况

关于政策认知情况，本书的调查问卷共设计了两部分内容：第一部分是关于政策标准的认知情况，按照循序渐进的原则，共设置了三个问题。第一个问题是"是否知道玉米生产者补贴政策"；第二个问题是"是否清楚玉米生产者补贴政策的补贴标准"；第三个问题是"是否能够说出玉米生产者补贴与粮食直补的区别"。通过调查发现，绝大多数玉米种植户知道玉米生产者补贴，知道该项补贴政策的样本农户数占样本总数的96.72%，仅3.28%的农户不知道该项补贴政策。当继续问询玉米生产者补贴的补贴标准时，有80.83%的农户清楚具体补贴标准，近20%的农户不清楚具体补贴标准。当问询玉米生产者补贴与粮食直补的区别时，仅46.29%的农户能够准确说出二者的区别，其他农户知道两种政策有区别，但不清楚具体区别是什么。第二部分是关于政策目标的认知情况。这部分主要涉及两个问题，分别为"目前的补贴标准是否可以保障基本收益"和"目前的补贴标准是否愿意调整种植结构"。调查结果显示，82.04%的农户认为目前的补贴标准可以保障农户的基本收益。60.28%的农户愿意继续种植玉米，不愿意调整种植结构；39.72%的农户不愿意继续种植玉米，愿意调整种植结构。愿意继续种植玉米的农户主要分布在玉米优势产区，而不愿意继续种植玉米的农户多来自玉米非优势产区（见表5-11）。

表5-11　玉米种植户样本对玉米生产者补贴政策的认知情况

问题	样本数（个）		百分比（%）	
	知道	不知道	知道	不知道
1. 是否知道玉米生产者补贴政策	560	19	96.72	3.28

问题	样本数（个）		百分比（%）	
2. 是否清楚玉米生产者补贴政策的补贴标准	清楚	不清楚	清楚	不清楚
	468	111	80.83	19.17
3. 是否能够说出玉米生产者补贴与粮食直补的区别	能够	不能够	能够	不能够
	268	311	46.29	53.71
4. 目前的补贴标准是否可以保障基本收益	可以	不可以	可以	不可以
	475	104	82.04	17.96
5. 目前的补贴标准是否愿意调整种植结构	愿意	不愿意	愿意	不愿意
	230	349	39.72	60.28

数据来源：根据实际调研整理而得。

（二）样本农户对玉米生产者补贴政策的满意度评价

农户对政策的满意情况是政策回应性评估的重要内容之一。为了进一步明确农户的政策需求与偏好，以此为基础对政策效应进行判断，本书就玉米生产者补贴政策的满意程度对样本农户进行了调研。为深入了解农户的满意程度，问卷中设计了农户对生产者补贴标准、补贴依据的满意度等政策内容方面的评价，以及种植面积统计结果、补贴标准公布时间、补贴资金发放方式、政策宣传等政策操作方面的评价，结果见表5-12。

表5-12　农户对玉米生产者补贴政策的满意程度　（单位：%）

内容	指标	选项				
		非常满意	比较满意	一般	不满意	很不满意
政策内容	对生产者补贴标准的满意度	17.44	36.79	20.21	10.02	15.54
	对生产者补贴依据的满意度	12.95	18.48	16.41	37.82	14.34
政策操作	对种植面积统计结果的满意度	13.99	16.75	19.52	29.88	19.86
	对补贴标准公布时间的满意度	10.71	19.34	13.13	29.88	26.94
	对补贴资金发放方式的满意度	41.11	35.75	10.71	4.49	7.94
	对政府政策宣传工作的满意度	18.83	14.16	20.90	25.56	20.55

数据来源：根据实地调研整理计算所得。

从政策内容层面看，就补贴标准而言，约有 55% 的农户表示对国家公布的补贴标准比较满意或非常满意，约有 25% 的农户表示不满意或很不满意。通过调查分析发现，表示不满意或很不满意的样本户主要集中在玉米核心产区，主要原因在于 2018 年以来国家公布的补贴标准远低于前两年，影响了农民的收益。就补贴依据而言，有 31.43% 的农户表示对当前按照玉米实际种植面积发放补贴的方式比较满意或非常满意，16.41% 的农户认为一般，52.16% 的农户表示不满意或很不满意。通过分析农户生产情况发现，满意度较高的农户多数是近三年遭受过旱灾、虫灾等自然灾害导致单产下降明显的农户。因此，为规避自然风险，这类农户更倾向于以实际播种面积为依据发放补贴。从不同农户的对比来看，超过一半的农户对现行按照面积发放补贴的方式不满意，认为按面积补贴的方式不合理。在调研中了解到，很多农户表示按照玉米销售量发放补贴更为合理，因为可以有效激励其粮食生产，保证补贴发放更加公平公正。此外，由于有些样本村 2016 年是按照土地承包合同的面积发放的补贴，而农户的实际面积大于合同上规定的面积，所以其获得的补贴金额比实际应发金额少，致使农户满意度较低。

从政策操作层面看，在全部样本农户中，30.74% 的农户对政府工作人员统计的种植面积结果比较满意或非常满意，约有 50% 的农户对结果表示不满意或很不满意。样本农户表示不满意或很不满意的主要原因是政府相关部门并未公示面积统计结果，有失公平性与透明性。在调研中了解到，有些农户表示希望政府相关部门能够尽早公布统计结果，同时对存疑的情况及时调整。当问及"您对补贴标准公布时间的满意程度"时，56.82% 的农户表示不满意或很不满意。样本农户表示不满意或很不满意的主要原因是补贴标准公布时间多集中在每年 9 月底，对于农民来说当年的生产行为早已完成，农户难以依据补贴标准安排生产，进而影响农民收益。当问及"您对补贴资金发放方式的满意程度"时，76.86% 的农户对补贴资金发放至惠农"一卡通"这种方式比较满意或非常满意。可见，这种方式简单、方便，因此农户的评价较高。当问及"您对政府部门的政策宣传工作的满意程度"时，46.11%的农户表示不满意或很不满意，仅有32.99%的农户表示比较满意或非常满意。在调研中了解到，政府工作人员对玉米"价补分离"政策的宣传力度很小，很多宣传工作并未落实到位，比如本该下发的政策宣传手册并未下发。

综上所述，从政策内容看，农户对补贴标准的满意度高于对补贴依据的满意度。原因在于很多农户认为有补贴总比没有强。虽然补贴有高有低，但是可弥补部分因为市场价格降低对农户收入的影响，若玉米的市场价格较高，加上补贴农户可以获得更多的收益，尽可能地获取超额利润使得农户对补贴标准的满意度更高。从政策操作看，除农户对补贴资金发放方式比较满意外，对种植面积统计结果、补贴标准公布时间、政府政策宣传工作等方面满意程度均不高。可见，玉米生产者补贴制度的实施保护了农户种粮的基本收益。但是目前的补贴方式在实际实施中仍然是原有粮食"直补"方式的复制，未能兼顾同一区域内农户因集约水平不同所导致的单产差异，政策操作细节不规范直接影响政策实施效果。

四、玉米种植户的政策需求

通过对样本农户的访谈，在获得玉米生产者补贴政策相关信息的同时，发现样本农户的政策需求与实际的政策供给之间存在一定差距。为此，本书基于普通农户和家庭农场两种类型的玉米种植户分别对其政策需求进行整理和分析（见表5-13）。

表5-13　玉米种植户政策需求情况

政策需求	普通农户	家庭农场
政策资金（项目）扶持	5	1
金融信贷支持	2	2
农业信息和技术推广	1	3

续表

政策需求	普通农户	家庭农场
土地流转服务	3	2
农资价格优惠	3	5

注：1 至 5 依次为玉米种植户政策需求的强弱程度，1 为最强，5 为最弱。

（一）政策资金（项目）和金融信贷支持的政策需求

在调研的过程中发现，经济相对富裕的地区，地方政府通过财政专项资金补贴以降低贷款利息等方式给予玉米种植户特别是家庭农场一定的金融信贷支持；经济欠发达地区，融资难、融资贵依然是亟须解决的难题，政府支持金融信贷强度偏小，对于玉米种植户而言，单纯依赖其自身能力获取金融资金的可能性微乎其微。因此，除玉米生产者补贴政策的固定性支付外，加大农户金融支持力度尤为重要，特别要对新型经营主体提供独享式金融优惠和针对性资金项目支持。

（二）农业信息和技术推广的政策需求

本书中的技术推广，是指新技术的更新、推广以及技术培训等。通过对调查结果的整理可见，普通农户和家庭农场均对农业信息和技术推广表现出强烈的需求。在调研中了解到，较多农户无法获得提高产出的新技术，同时农技推广机构的工作效率低。很多农技推广人员不能因地制宜，只考虑把现有技术推广给农户，并未考虑所推广的技术是否满足农户的真正需要。此外，专业型人才缺乏也是影响农技推广机构工作效率不高的一个重要原因。

（三）土地流转服务的政策需求

规模化、多元化是目前我国农村土地流转的发展方向，但在实践中仍然存在诸多问题，如流转双方信息不对称、流转效率低下、流转双方利益纠纷频发、流转方式不规范等。部分地区的家庭农场等新型经营主体在土地流转过程中需要与散户一家一家地签合同，签订的合同多为短期合同，一年期合同最为常见，不仅要支付较高的交易成本，而且要承担随时发生的违约风险。一些想要扩大种植面积、实现规模经济的普通农户无法租到土地。因此，农户对加快完善土地流转市场的政策需求较为迫切。

（四）农资价格优惠的政策需求

玉米生产成本高涨是目前玉米缺乏竞争力的一个重要原因。与此同时，目前农资市场中玉米种子的品种，以及化肥、农药等的品牌鱼龙混杂、质量参差不齐，这在一定程度上干扰了玉米的正常生产秩序，因此加强市场监管十分重要。与此同时，政府应出台农资价格优惠方面的相关政策，以此降低农户生产成本，增加收益。

第四节　玉米收储政策改革的收储效应分析

玉米临时收储政策执行期间，国有粮食收储企业一家独大，承担着为农民粮食进行"包销"的功能。玉米收储政策改革后，各类市场主体自主入市收购，生产者随行就市出售玉米。本节主要分析与玉米临时收储政策相比，玉米"价补分离"政策实施后玉米市场收购主体发生的变化及呈现的特点。

就粮食收储企业而言，主要分为三大类。第一类：国有粮食收储企业，包括国家储备库和地方储备库；第二类：粮食加工企业；第三类：民营粮食收储企业。在上述粮食收储企业中，国有粮食收储企业承担着公益性的市场调节功能，发挥着调控保护作用。2013年中储粮是唯一的收储主体。2014年收储主体除了中储粮外，增加了中粮集团和中纺集团。中粮集团的收储规模为 500 万吨，中纺集团的收储规模为 100 万吨。2015 年，收储主体在 2014 年三大收储主体基础上，增加了中航集团公司。中粮集团、中纺集团、中航集团的收储规模按照企业仓容和管理能力进行分配。

玉米收储链条上的主体有玉米生产者（种植户、家庭农场、种植合作社）、收储企业（国家储备库、地方储备库、民营粮食收储企业、收储合作社、粮食经纪人）、下游企业（玉米深加工企业、饲料企业、养殖企业）。本书将粮食经纪人视为粮食收储主体之一，原因在于粮食经纪人一般与本地的粮食处理中心、烘干塔具有合作关系或自有烘干设备。作为粮食销售的中间人，其功能上可以实现粮食收储向收储链条的上游延伸。

目前，玉米收储有如下五种模式（见图 5-16）。

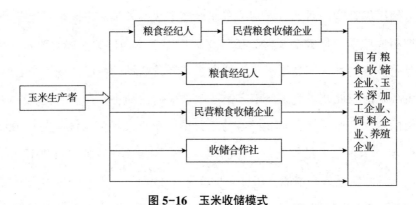

图 5-16 玉米收储模式

（1）玉米生产者—粮食经纪人—民营粮食收储企业—国有粮食收储企业、玉米深加工企业、饲料企业、养殖企业；

（2）玉米生产者—粮食经纪人—国有粮食收储企业、玉米深加工企业、饲料企业、养殖企业；

（3）玉米生产者—民营粮食收储企业—国有粮食收储企业、玉米深加工企业、饲料企业、养殖企业；

（4）玉米生产者—收储合作社—国有粮食收储企业、玉米深加工企业、饲料企业、养殖企业；

（5）玉米生产者—国有粮食收储企业、玉米深加工企业、饲料企业、养殖企业。

一、基于专有粮食收储企业的收储效应

专有粮食收储企业，是指国有粮食收储企业和民营粮食收储企业（代收点），其经营内容包括收购粮食并进行储备，以供粮食加工企业、饲料加工企业和养殖企业等主体使用或进行加工转化。

玉米临时收储政策实施后，国家委托中储粮、中粮、中纺负责，以东北地区临时收储托市全面启动为背景，有了中央财政兜底，中储粮等主体收购意愿强烈。同时，托市导致南北粮价倒挂，贸易商无利可图，难以与南方销区展开购销活动，限制了东北地区市场粮外销。中储粮对民营企业采取租库收购以便控制风险，虽然支付租库费未满国家补贴标准的一半，但是企业参与性依旧高涨。各类粮食企业经营活动，由以市场为中心转向以围绕临时收储政策为主。南方销区粮食采购活动主要在未实施临时收储政策的中原产区开展，东北产区与南方销区粮食市场流通性减弱。2009—2011 年，玉米总产量较低，使得国储玉米收购量相对较低。自 2012 年始，我国玉米收购量急剧增加，2011—2015 年，玉米收购量由 1100 万吨激增到 12543 万吨，增幅超 10 倍。其中，内蒙古和黑龙江玉米收购量的变化趋势同全国一致，四年间持续上涨，涨幅分别约为 5 倍和 2.5 倍；2014 年辽宁和吉林的玉米收储量分别下滑了 13.1% 和 23.6%，但又于 2015 年恢复上升趋势，四年间玉米收储量分别涨幅 2.4% 和 3.4%。作为国家调控粮食市场重要载体的中储粮，2015 年在玉米临时收储政策执行区累计收储玉米量超过 1 亿吨，同比增长 50%；黑龙江分公司辖区收购库点 987 个，收购临时收储玉米 4697 万吨；吉林分公司先后分 5 批次在全省 45 个县市确定 1135 个临时收储玉米收储点。2015 年国家玉米收储量超常规增长态势到达顶峰，致使国家玉米出现高库存的现象，如图 5-17 所示。

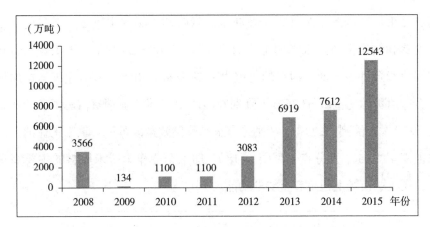

图 5-17　2008—2015 年国储玉米收购量

数据来源：国家粮油信息中心。

　　玉米"价补分离"政策实施后，改变了国有粮食收储企业的经营机制，弱化了其对粮食收购的独家经营。2016—2017 年，在东北地区中储粮收购玉米 2140 万吨，仅占各类主体收购总量的 18%。"价补分离"政策实施，随之而来的是国家加大去库存力度，地方国有粮食收储企业的政策性粮食逐渐清除库存，企业的其他自主经营项目基本为零，部分地方粮食储备库归属中储粮，部分归属中国华粮，部分用于出租，还有部分地方粮食储备库由于自负盈亏，在丧失国家政策保护的情况下，最终无法继续经营而倒闭。

　　就民营粮食收储企业而言，在临时收储政策实施期间，主要为国有粮食收储企业代收临时收储粮，收购方式主要是租赁库点，玉米租赁收购费用 50 元/吨。与此同时，国家金融机构支持民营企业收购资金，以国家储备库为贷款主体，依据各个民营企业的配额向银行申请贷款。"价补分离"政策实施以来，金融机构退出了对民营粮食收储企业的支持，民营粮食收储企业资金紧张，半数以上无法正常运转。

二、基于玉米加工企业的收储效应

　　无论玉米进行初加工、深加工或较为简单的饲料加工，都需要进入中间产品市场，因此玉米加工企业亦是玉米收购市场的主体之一。目前，工业消费和饲用消费是玉米的主要消费领域。2008—2020 年玉米工业消费和饲用消费合计占玉米总消费的比重为 93% 左右。2008—2020 年玉米饲用消费占总消费的比重由 63.76% 下降到 60.91%，玉米工业消费占总消费的比重由 29.57% 上涨到 32.29%。特别是自玉米收储政策改革后，玉米工业消费占比上涨了 7.05 个百分点（见图 5-18）。加工企业作为玉米原料的主要需求者，在收购市场上担负着重要的功能。

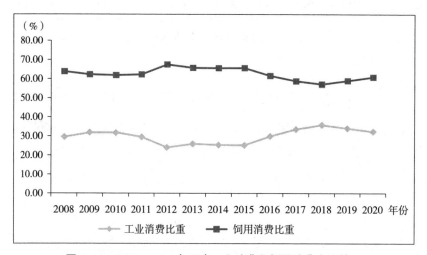

图 5-18　2008—2020 年玉米工业消费和饲用消费占比情况

数据来源：布瑞克农业数据库。

在玉米临时收储政策实施期间，高企的玉米临时收储收购价格使得玉米加工企业的玉米原料成本过高，企业入不敷出，导致企业开工率极速下降，出现严重亏损甚至倒闭。玉米"价补分离"政策实施以来，玉米原料成本显著下降，激活了玉米加工企业的收购积极性。企业可以自行入户收购，如果收购数量不足，可以通过国家拍卖的方式购进玉米原料。玉米加工企业的购买渠道包括：一是农户直接把玉米销售给加工企业；二是"门前收"，粮食经纪人直接从农户购进玉米，然后以更高的价格销售给玉米加工企业；三是代收点收购，这种方式需要支付手续费和运输费。手续费一般包括人工费和保管费，大约 60 元 / 吨，运输费用大约 100—150 元 / 吨。各个企业购进渠道基本一致，可以根据不同产能决定不同购买量。玉米"价补分离"政策的实施无疑降低了玉米加工企业的原料成本，使得企业逐渐恢复生机。

三、基于收储合作社的收储效应

现有种植业合作社中，仅仅涉及玉米收储的合作社较少，大部分以种植为主要业务，兼顾玉米收储业务。这类合作社主要通过流转农民土地，开展集约经营。合作社同中粮、正大、德大等大型用粮企业签订订单，按照公司标准统一生产、收获、销售。合作社向农户收购玉米的价格一般高于市场价 0.2—0.4 元 / 千克。若合作社以外的农户想通过合作社销售玉米，须按合作社的标准种植，符合标准后方可通过合作社销售。入市收购玉米的合作社在玉米临时收储政策实施期间寥寥无几。玉米收储政策改革后，入市收购玉米的合作社数量迅速增加。部分合作社开启玉米代收代储模式，合作社通过对社员以及符合条件的农户收购玉米，代为玉米加工企业进行玉米储备，玉米加工企业向合作社支付代储费用。同时，合作社向玉米加工企业出售玉米的价格可高于收购价格。合作社通过收取代储费用和赚取中间差价获得收益。

四、基于粮食经纪人的收储效应

玉米临时收储政策期间，近九成玉米种植户将玉米直接销售给粮食经纪人。其主要原因在于农户将玉米直接销售给粮食经纪人，简单方便，节省交易成本。而粮食经纪人以低价购进玉米，然后以高价卖给专有粮食收储企业，可以获得较高利润，因此农户与粮食经纪人之间的成交率较高。玉米"价补分离"政策实施以来，多元玉米收购主体进入市场，粮食经纪人的占比呈现下降趋势，但仍然占据较高的市场份额。据实地调研了解，大部分农户选择粮食经纪人的原因在于：虽然大多数情况下粮食经纪人的平均收购价格低于农户直接到国有粮食收储企业或者其他渠道进行销售的价格，但是如果农户选择自己去销售，必须在销售之前进行玉米脱粒，加之运输费用，后者销售成本高于前者。因此，大部分农户会选择将玉米直接销售给粮食经纪人。事实上，粮食经纪人的存在无疑增加了粮食收购环节的费用，使得下游产业的原料成本上升。目前的粮食经纪人并不是一个先进的、可持久的经营主体，随着玉米流通体系的不断完善，无论是国库还是下游产业，都可以与小农户、收储合作社或者家庭农场等玉米种植主体通过订单的方式建立联结机制，作为赚取差价、增加流通费用的粮食经纪人会逐渐退出收购环节。

综上所述，玉米"价补分离"政策的实施激励了市场主体，专有粮食收储企业、玉米加工企业、收储合作社、粮食经纪人等主体纷纷进入市场，由购销主体单一化转变为购销主体多元化，实现了从玉米收购"独角戏"到"大合唱"的转变。2016年秋粮上市以来，东北地区玉米源源不断地销往浙江、广东、福建等地，玉米重新进入一度萧条的"北粮南运"通道。2017年4月5日，东北三省一区累计收购玉米9696万吨。其中，黑龙江、吉林、辽宁和内蒙古分别收购了3224万吨、2829万吨、2160万吨和1483万吨。收购玉米总量80%以上的是多元化市场主体。同时，我国临时收储玉米去库存取得了明显效果。2020年9月临时收储拍卖以"0"结转库存收官。

第五节　玉米收储政策改革的加工效应分析

一、基于玉米深加工的加工效应分析

玉米收储政策改革建立起市场形成玉米价格的新机制，降低了玉米原料成本，扩大了玉米下游产业的利润空间。从玉米深加工业看，东北地区玉米深加工企业多为玉米淀粉和玉米酒精加工企业。

玉米淀粉是玉米加工的主要产品，也是玉米深加工的中间产品，它是由玉米胚芽、纤维和蛋白质与原料分离而成的。据实地调研了解，黑龙江省玉米加工业平均每吨玉米（国标 14% 水）大约生产 0.68—0.72 吨玉米淀粉，吉林省玉米加工业平均每吨玉米（国标 14% 水）大约生产 0.71 吨玉米淀粉，7% 蛋白粉用于生产饲料，20% 纤维饲料直接进入养殖市场以及 2%胚芽用于生产玉米油，以玉米淀粉为原料的加工产品被应用于饲料、化工、食品、医药等行业。我国玉米淀粉供求情况见图 5-19。

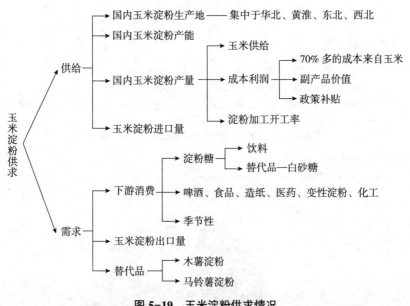

图 5-19　玉米淀粉供求情况

从我国玉米淀粉供给情况看，2008—2019 年，我国玉米淀粉产量由1685 万吨增加到 3079 万吨，年均增长 5.69%。2011 年全国玉米淀粉产量首次达到 2000 万吨以上，直至 2014 年出现四年之内首次下降，由于 2014年、2015 年玉米原料成本处于高位状态，加工企业经营艰难，玉米淀粉产量明显下降。玉米"价补分离"政策实施之后，玉米价格回归市场，2016年以后玉米淀粉产量再次增长并于 2019 年达到顶峰超过 3000 万吨（见图5-20）。我国玉米淀粉的生产地主要集中在华北、黄淮、东北、西北地区。

2019年山东省玉米淀粉产量占全国玉米淀粉总产量的48%、河北省占13%、吉林省占12%、黑龙江省占11%、宁夏回族自治区占3%、河南省占3%、陕西省占3%、辽宁省占2%、其他省区占5%（见图5-21）。

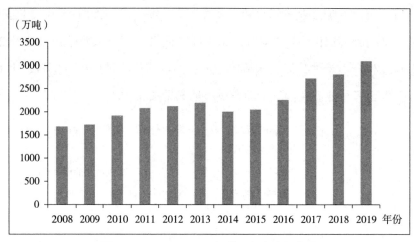

图5-20　2008—2019年我国玉米淀粉产量

数据来源：布瑞克农业数据库。

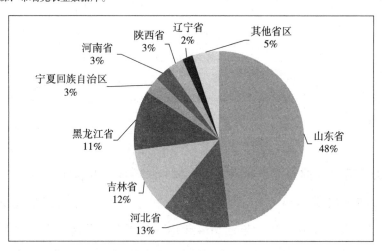

图5-21　2019年我国各省（区）玉米淀粉产量占比情况

数据来源：中国淀粉行业协会。

从我国玉米淀粉需求情况看，玉米淀粉下游产品以淀粉糖为主，2019年淀粉糖对玉米淀粉需求量为1511万吨，占总需求量的55.45%，淀粉糖消费量变化对淀粉需求的边际影响最大。其次为造纸，2019 年造纸对玉米淀粉需求量为 322 万吨，占总需求量的 11.82%（见图 5-22）。

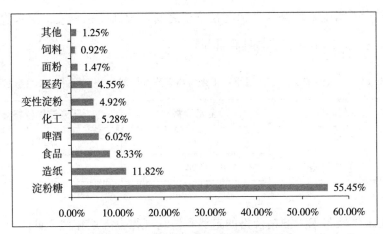

图 5-22　2019 年我国玉米淀粉消费情况

数据来源：中国淀粉行业协会。

从玉米"价补分离"政策的实施区玉米深加工供应链环节价格走势看，玉米价格和玉米淀粉价格上升和下降幅度基本一致，其波动规律和走势非常相似（见图 5-23）。

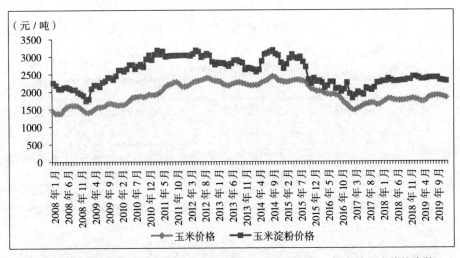

图 5-23　2008 年 1 月至 2019 年 9 月政策实施区玉米深加工供应链月度价格走势

数据来源：布瑞克农业数据库。

对玉米深加工供应链中价格序列的相关系数进行检验，从表 5-14 可以看出：玉米价格与玉米淀粉价格的相关系数达到 0.8247，高于 0.8，属于高度相关，说明玉米价格与玉米淀粉价格之间呈现高度正相关，玉米价格对玉米淀粉价格的形成和波动具有重要影响。

表 5-14　玉米深加工供应链系统中玉米价格与玉米淀粉价格之间的相关系数检验

序列	玉米价格	玉米淀粉价格
玉米价格	1	0.8247
玉米淀粉价格	0.8247	1

玉米价格与玉米酒精价格的走势和波动规律也高度相似（见图 5-24），从表 5-15 可以看出：玉米价格与玉米酒精价格的相关系数达到 0.8374，高于 0.8，属于高度相关，说明玉米价格与玉米酒精价格之间也呈现高度正相关，玉米价格对玉米酒精价格的形成和波动同样具有重要影响。

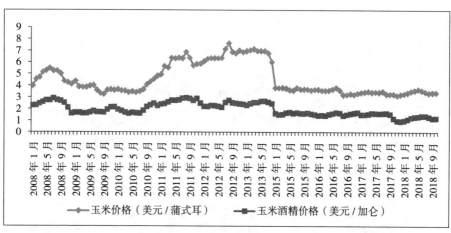

图 5-24　2008 年 1 月—2018 年 9 月美国玉米价格和玉米酒精价格月度价格走势

数据来源：美国农业部。

表 5-15　玉米深加工供应链系统中玉米价格与玉米酒精价格之间的相关系数检验

序列	玉米价格	玉米酒精价格
玉米价格	1	0.8374
玉米酒精价格	0.8374	1

从我国发酵酒精供给情况看，2008—2015 年玉米临时收储政策期间，我国发酵酒精的产量总体呈上升态势。2008 年我国发酵酒精产量为 681.27 万千升，2015 年上升至 1016.74 万千升，上涨了 49.24 个百分点。2016 年我国发酵酒精产量较 2015 年减少了 64.64 万千升。2017 年增至近十年的峰值，达到 1027.29 万千升。2018 年产量明显下跌，跌至 646.63 万千升，下降了 37.05%。2019 年有所回升，比 2018 年增长 6.95 个百分点（见图 5-25）。

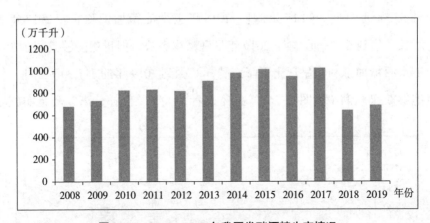

图 5-25　2008—2019 年我国发酵酒精生产情况

数据来源：国家统计局。

从玉米淀粉和玉米酒精的加工利润情况看，以玉米生产大省吉林省为例，2013 年吉林省玉米淀粉和玉米酒精加工利润分别为 89.07 元 / 吨和 -93.89 元 / 吨，2014 年分别下降至 39.82 元 / 吨和 -58.24 元 / 吨，2015 年分别下降到 -98.49 元 / 吨和 -545.78 元 / 吨。可见，无论是玉米淀粉还是玉米酒精在 2015 年其加工利润均都下降到了负值，呈现出明显亏损。2016 年 4

月以来，随着玉米原料价格的下降，玉米加工企业开工率持续回升。2016年11月国家出台了玉米深加工补贴政策，吉林省对2017年6月底前实际加工消耗2016年省内新产玉米的加工企业给予200元/吨的补贴。在原料成本下降和补贴政策支持的共同作用下，吉林省玉米深加工企业开工率已经由2015年的50%—60%上升至100%，企业经营效益逐渐提升，2017年上半年，吉林省玉米深加工产业销售收入115.90亿元，同比增长6.70%；实现产值126.20亿元，同比增长7.00%；累计加工转化玉米588.50万吨，同比增长15.60%，实现利润8.60亿元，而2016年同期仍然亏损4.18亿元。吉林省玉米淀粉和玉米酒精加工利润整体均呈现出上升趋势，玉米淀粉价格稳中有升，玉米酒精价格虽然有所下降，但整体加工利润仍然处于较高水平，两者利润分别由2016年的–52.43元/吨、–18.06元/吨上涨至2017年的55.54元/吨、789.15元/吨。2018年玉米淀粉加工利润较2017年有所增长，达到62.73元/吨，2019年呈现减少态势，但仍然能够盈利。2018年玉米酒精加工利润呈现出下降态势，减少到2019年的317.90元/吨，但也能够获得利润（见图5-26）。总体来看，玉米"价补分离"政策实施以

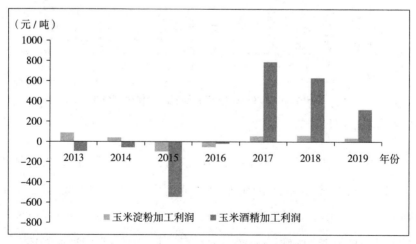

图5-26　2013—2019年吉林省玉米淀粉和玉米酒精加工利润情况

数据来源：布瑞克农业数据库。

来，玉米淀粉和玉米酒精的加工利润都转为正值，特别是玉米酒精的加工利润表现得更为明显。与此同时，玉米淀粉和玉米酒精的出口大幅度增长，大大增强了玉米产业发展的活力。

二、基于玉米饲用加工的加工效应分析

就饲料加工企业而言，临时收储政策期间在高位玉米原料价格的冲击下，养殖业的生存压力加大。在养殖总成本中，70%左右为饲料成本，而在饲料成本中玉米占60%以上，高企的玉米价格拉动了下游饲料价格。2014年全国猪粮比下降至近十年的最低点为5.50∶1，低于猪粮比6∶1的盈亏平衡点。2015年随着玉米临时收储价格的下降，猪粮比例上升到6.63∶1，基本可以摆脱亏损状态。2016年，自国家实施玉米"价补分离"政策以来，猪粮比例上升至9.49∶1，远超于盈亏平衡点。2017年猪粮比为8.55∶1，2018年下降至6.64∶1，临近盈亏平衡点。2019年再次上升到10.77∶1，达到近十年的最大值，而2019年猪粮比的超常上升很大程度上归因于非洲猪瘟疫情和猪周期的叠加所引起的猪价上涨（见图5-27）。

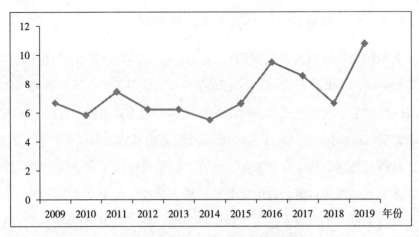

图 5-27　2009—2019 年全国猪粮比价

数据来源：国家发改委。

在玉米价格下跌的情况下，养殖成本显著下降，饲料需求日渐增长，饲料市场和养殖业市场开始复苏。为支持玉米市场化改革，加快东北地区新产玉米就地加工转换，财政部、国家粮食局发布了《关于支持实施饲料加工企业补贴政策的通知》。该通知要求三省一区饲料加工企业自补贴文件印发之日起至 2017 年 4 月 30 日配合收购入库 2016 年产玉米，对 2017 年 6 月底前完成加工且符合规模以上标准的饲料加工企业给予补贴。黑龙江省的补贴标准为 300 元 / 吨，内蒙古自治区和吉林省的补贴标准为 200 元 / 吨，辽宁省的补贴标准为 100 元 / 吨。辽宁省、吉林省、黑龙江省最终纳入补贴范围的饲料生产企业分别为 14 家、32 家、12 家。原料价格优势加之补贴政策拉动了用粮企业生产的增加。

以上从定性的角度分析了玉米收储政策改革对玉米饲料加工企业的影响。下面从定量的角度分析玉米价格波动对玉米饲用消费的传导效应。价格传导既包括价格传导的路径还包括价格传导的幅度，本部分首先分析玉米饲用供应链上游至下游价格传导的方向和通道，在此基础上进一步分析上游和下游各环节价格传导的幅度。

（一）玉米饲用供应链价格传导路径分析

玉米饲用供应链价格传导路径为：首先，玉米价格向生猪价格传导。玉米是生猪的主要饲料原料，与生猪养殖形成供需关系，玉米价格通过中介效应影响生猪的生产成本，再由生猪成本影响生猪价格。此外，玉米也是能繁殖母猪的饲料原料，仔猪的价格受能繁殖母猪饲养成本影响，因此，玉米价格对仔猪价格也存在影响。其次，仔猪价格向生猪价格传导。仔猪是生猪养殖的直接对象，与生猪养殖同样会形成供需关系，因此仔猪价格也会影响生猪的生产成本进而影响生猪价格。最后，生猪价格向猪肉价格传导。生猪出栏后会进入屠宰和加工环节，产出猪肉，生猪和猪肉是投入品和产成品的关系，因此生猪价格会直接影响猪肉价格。综上，玉米价格和仔猪价格代表玉米饲用供应链的上游产品价格，生猪价格代表玉米饲用供应链的中游产品价格，猪肉价格代表玉米饲用供应链的下游产品价格，其价格传导路径如图 5-28 所示。

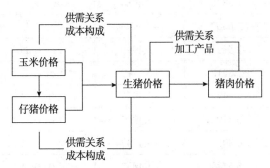

图 5-28　玉米饲用供应链价格传导路径

根据玉米饲用供应链价格传导路径，本书选择的变量包括玉米"价补分离"政策实施区的玉米价格、仔猪价格、生猪价格和猪肉价格。数据来源于布瑞克农业数据库。为了避免 2008 年金融危机和 2019 年非洲猪瘟的影响，本书使用 2010 年 1 月至 2016 年 3 月的数据分析玉米临时收储政策的效应，使用 2016 年 4 月至 2018 年 12 月的数据分析玉米"价补分离"政策的效应。为了使样本数据趋势线性化，消除时间序列异方差，本书在不改变原始数据协整关系的基础上，对玉米饲用供应链的各个价格时间序列进行剔除通胀处理，并进行了自然对数变换，运用计量经济学分析软件 STATA 对相关数据进行处理和计量实证分析。

1. 单位根检验

时间序列数据分为平稳数据和非平稳数据，序列的不平稳是造成虚假因果关系的重要因素，会出现"伪回归"现象。因此需要对变量进行单位根检验来识别时间序列数据的平稳性。结果表明：玉米价格、仔猪价格、生猪价格、猪肉价格原序列均为非平稳序列，一阶差分后均成为平稳序列（见表 5-16）。因此，对玉米价格、仔猪价格、生猪价格、猪肉价格的一阶差分可以进行 Granger 因果检验。[①]

表 5-16　玉米饲用供应链系统中各价格序列的稳定性检验

变量	ADF 统计量	1% 临界值	检验形式(c, t, k)	结论
lncorn	−1.8826	−3.4984	(c, t, 9)	不平稳
lnpiglet	−2.6807	−3.4999	(c, t, 11)	不平稳
lnpig	−2.5321	−3.4999	(c, t, 11)	不平稳
lnpork	−2.8218	−3.4999	(c, t, 11)	不平稳
Δlncorn	−4.9475	−3.4937	(0, 0, 1)	平稳
Δlnpiglet	−5.4796	−3.4937	(0, 0, 1)	平稳
Δlnpig	−6.8068	−3.4937	(0, 0, 1)	平稳
Δlnpork	−6.5385	−3.4937	(0, 0, 1)	平稳

注：① lncorn、lnpiglet、lnpig、lnpork 分别表示玉米价格、仔猪价格、生猪价格、猪肉价格的对数序列；② Δ 表示对数序列的一阶差分；③ c 为常数项，t 为趋势项，k 为滞后阶数。

2. 协整检验

协整是指多个非平稳经济变量的某种组合平稳，这种平稳关系可描述原变量之间的均衡关系。若变量之间组合为线性，则变量之间存在线性协整；若变量之间的组合为非线性，则变量之间存在非线性协整，如阈值协整等。对线性协整关系的检验，可采用 E-G 两步法和 Johanse 检验法。本书选用 Johanse 检验法。

在进行协整检验前，要先建 VAR 模型，以此确定模型滞后阶数（见表5-17）。确定后进行协整检验，结果见表 5-18。由结果可见：玉米价格与生猪价格之间不存在线性协整关系，仔猪价格与生猪价格、生猪价格与猪肉价格之间均存在线性协整关系。由于线性协整检验无法检验存在结构性冲击的非线性关系，因此本书运用阈值检验法进一步对玉米价格与生猪价格的协整关系进行检验。

---

① Granger 因果检验是用于检验两个变量之间因果关系的一种常用方法。

表 5-17　VAR 模型滞后阶数选择

变量	AIC	SC	HQ	FPE
玉米价格与生猪价格	3	2	2	3
仔猪价格与生猪价格	6	3	6	6
生猪价格与猪肉价格	2	2	2	2

表 5-18　Johanse 协整检验

变量	Maximum eigenvalue statistic		Tace statistic	
	$r=0$	$r \leqslant 1$	$r=0$	$r \leqslant 1$
玉米价格与生猪价格	10.71	2.09	12.80	2.09
仔猪价格与生猪价格	37.79**	10.57**	48.35**	10.57**
生猪价格与猪肉价格	14.81**	4.49**	19.30**	4.49**

注：** 表示在 5% 的水平下显著。

在对玉米价格和生猪价格进行阈值协整估计之前，需要对两者之间是否存在阈值协整及阈值数量进行检验。首先，基于三机制的阈值协整对无协整进行检验，Bootstrap 取 1000。结果显示，玉米价格和生猪价格之间不存在三机制的阈值协整。其次，基于两机制的阈值协整对线性协整进行检验，Bootstrap 取 1000。从检验结果看，玉米价格和生猪价格之间存在阈值协整（见表 5-19）。说明玉米价格与生猪价格之间存在长期均衡关系，但是这种长期均衡关系是通过两种短期动态过程的调节来维持的，即玉米价格与生猪价格之间的协整关系是非线性的。

表 5-19　阈值协整机制检验

检验	LM statistic	P-Value
三机制阈值协整对无协整检验	28.5127	0.7698
两机制阈值协整对线性协整检验	24.3062***	0.0041

注：*** 表示在 1% 的水平下显著。

在对玉米价格与生猪价格进行阈值协整检验之后，对两者进行两机制的阈值协整估计。从表 5-20 可见，玉米价格与生猪价格之间的阈值 γ 为 0.0726，说明如果偏离均衡（向上偏离或向下偏离）的程度小于 7.26% 时，时调节过程是机制 1；如果偏离均衡（向上偏离或向下偏离）的程度大于 7.26% 时，时调节过程是机制 2。当以玉米价格作为因变量时，机制 1 中偏离均衡后向均衡的调整速度是 –0.0281，机制 2 中偏离均衡后向均衡的调整速度是 –0.1137，机制 2 的调整速度较快，存在一定的不对称性；当以生猪价格作为因变量时，机制 1 中偏离均衡后向均衡的调整速度是 –0.0146，机制 2 中偏离均衡后向均衡的调整速度是 –0.3172，机制 2 的调整速度较快，不对称性较以玉米价格作为因变量的情况更为突出。

表 5-20　阈值协整估计

		时点占比		因变量			
				玉米价格	生猪价格		
β	γ	机制 1	机制 2	调整速度 1	调整速度 2	调整速度 1	调整速度 2
0.1298	0.0726	62.50%	37.50%	–0.0281	–0.1137	–0.0146	–0.3172

综上所述，玉米价格与生猪价格之间存在阈值协整关系，仔猪价格与生猪价格、生猪价格与猪肉价格之间存在线性协整关系，玉米饲用供应链各环节联系较为紧密。

3. Granger 检验

为了进一步分析玉米饲用供应链上游、下游价格的传导路径，探究变量间的因果关系，本书在验证了变量间是否存在长期关系之后，进行格兰杰因果关系检验。从表 5-21 可以看出：第一，2010 年 1 月—2018 年 12 月，玉米价格既是仔猪价格的 Granger 原因又是生猪价格的 Granger 原因，仔猪价格是生猪价格的 Granger 原因，生猪价格是猪肉价格的 Granger 原因。第二，2010 年 1 月—2016 年 3 月，玉米价格既不是仔猪价格的

Granger 原因，也不是生猪价格的 Granger 原因，仔猪价格并非生猪价格的 Granger 原因，仅仅生猪价格是猪肉价格的 Granger 原因。说明玉米临时收储政策的实施造成了玉米饲用供应链价格传导路径的不显著。第三，2016 年 4 月—2018 年 12 月，玉米价格既是仔猪价格的 Granger 原因又是生猪价格的 Granger 原因，仔猪价格是生猪价格的 Granger 原因，生猪价格是猪肉价格的 Granger 原因。说明玉米"价补分离"政策实施后，玉米价格回归市场，使得玉米饲用供应链价格传导路径较为显著。

表 5-21 Granger 检验

零假设	2010 年 1 月—2018 年 12 月	2010 年 1 月—2016 年 3 月	2016 年 4 月—2018 年 12 月
玉米价格不是仔猪价格的 Granger 原因	拒绝	接受	拒绝
玉米价格不是生猪价格的 Granger 原因	拒绝	接受	拒绝
仔猪价格不是生猪价格的 Granger 原因	拒绝	接受	拒绝
生猪价格不是猪肉价格的 Granger 原因	拒绝	拒绝	拒绝

注：上述结果均在 F 检验的 5% 显著性水平时拒绝零假设。

通过以上分析可见：首先，玉米价格、仔猪价格、生猪价格和猪肉价格对数值的原始序列都是一阶单整序列，即为非平稳序列。协整检验可以对同阶非平稳序列进行分析并且能够保留原始序列的更多信息。在此基础上对上述四个变量的一阶差分进行 Granger 因果检验。检验结果表明：2010 年 1 月—2018 年 12 月，玉米价格既是仔猪价格的 Granger 原因又是生猪价格的 Granger 原因，仔猪价格是生猪价格的 Granger 原因，生猪价格是猪肉价格的 Granger 原因。玉米临时收储政策实施期间玉米饲用供应链价格传导路径不显著；玉米"价补分离"政策实施后，玉米价格回归市场，进而使得玉米饲用供应链价格传导路径较为显著。

其次，玉米饲用供应链各环节之间存在长期稳定的均衡关系。其中，仔猪价格与生猪价格、生猪价格与猪肉价格之间均存在线性协整关系。玉米价格与生猪价格之间不存在线性协整关系，但是存在阈值协整关系，价格传导存在显著的非对称性。

最后，根据理论分析和实证分析，从玉米价格到生猪价格再到猪肉价格的玉米饲用供应链存在显著的价格传导路径，对其上中下游价格传导机制进行研究十分必要。

（二）玉米饲用供应链价格传导幅度分析

根据上文的分析，本书运用克里斯托弗·西姆斯（C.A.Sims）提出的向量自回归（VAR）模型对代表玉米饲用供应链上中下游的玉米价格、生猪价格、猪肉价格进行脉冲响应和方差分解分析。

玉米临时收储政策时期。基于 LR、FPE、AIC、SC、HQ 等数值选择滞后项数，用"*"号表示上述指标中各自给出的最小滞后期。根据判定准则，选择最优滞后期为 2 期，滞后阶数判定结果见表 5-22。

表 5-22　滞后阶数的判定（玉米临时收储政策时期）

Lag	LogL	LR	FPE	AIC	SC	HQ
0	274.8787	NA	6.76e-08	-7.9964	-7.8985	-7.9576
1	486.9288	399.1531	1.72e-10	-13.9684	-13.5768	-13.8133
2	535.5181	87.1750*	5.39e-11*	-15.1329	-14.4475*	-14.8613*
3	542.6134	12.1038	5.72e-11	-15.0769	-14.0977	-14.6889
4	551.2189	13.9206	5.83e-11	-15.0653	-13.7923	-14.5609
5	561.6979	16.0267	5.66e-11	-15.1088	-13.5421	-14.4880
6	572.5927	15.7014	5.45e-11	-15.1645*	-13.3040	-14.4273
7	578.8411	8.45367	6.07e-11	-15.0836	-12.9293	-14.2300

参数估计结果的矩阵形式如下：

$$A_t = \begin{bmatrix} 1.55 & 0.23 & -0.27 \\ -0.06 & 2.70 & -1.56 \\ -0.13 & 1.54 & -0.22 \end{bmatrix} \times A_{t-1} + \begin{bmatrix} -0.59 & -0.24 & 0.27 \\ 0.10 & -1.39 & 1.14 \\ 0.19 & -1.07 & 0.66 \end{bmatrix} \times A_{t-2} + \begin{bmatrix} 0.05 \\ 0.44 \\ 0.46 \end{bmatrix}$$

从模型估计结果看（见表 5-23、表 5-24），以 lncorn、lnpig、lnpork 作为被解释变量的三个方程的拟合优度较好，分别达到了 98.25%、92.16%、94.98%，模型估计是成立的。

表 5-23　VAR 模型各方程检验结果（玉米临时收储政策时期）

指标	lncorn	lnpig	lnpork
R-squared	0.9825	0.9216	0.9498
Adj.R-squared	0.9810	0.9145	0.9452
Sum sq.resids	0.0104	0.1569	0.0966
S.E.equation	0.0126	0.0488	0.0383
F-statistic	619.2104	129.3404	208.0033
Log likelihood	219.6475	120.6311	138.3241
Akaike AIC	-5.8260	-3.1132	-3.5979
Schwarz SC	-5.6063	-2.8935	-3.3783
Mean dependent	0.7687	2.6637	3.1188
S.D.dependent	0.0910	0.1667	0.1634

表 5-24　VAR 模型整体检验结果（玉米临时收储政策时期）

指标	检验结果
Determinant Residual Covariance	4.98E-11
Log Likelihood	3.68E-11
Akaike Information Criteria	566.1876
Schwarz Criteria	-14.9367

在以上分析的基础上，运用脉冲响应函数进一步分析玉米价格、生猪

价格和猪肉价格在玉米饲用供应链系统受到外部冲击时所呈现的动态变化特征。当生猪价格受到玉米价格的一个标准差单位正向冲击时有正向反应，第 1 期受到正向 1.43% 单位的上涨，第 2 期达到最大为 1.90%，此后不断下降，第 12 期下降到 0.58%，累计响应为 13.68%（见图 5-29、图 5-30）；当猪肉价格受到生猪价格的一个标准差单位正向冲击时有正向反应，第 1 期受到正向 3.62% 单位的上涨，第 3 期达到最大为 7.31%，此后不断下降，第 12 期下降到 1.70%，累计响应为 44.86%（见图 5-31、图 5-32）。

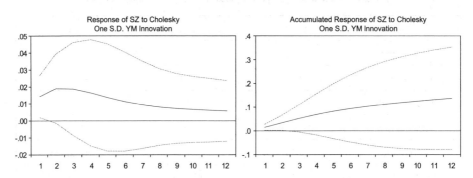

图 5-29 玉米临时收储政策期间一个标准差（1）   **图 5-30 玉米临时收储政策期间一个标准差（2）**

Δlncorn 冲击下 Δlnpig 的正交脉冲响应   Δlncorn 冲击下 Δlnpig 的累积脉冲响应

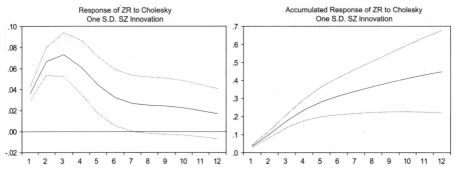

图 5-31 玉米临时收储政策期间一个标准差（3）   **图 5-32 玉米临时收储政策期间一个标准差（4）**

Δlnpig 冲击下 Δlnpork 的正交脉冲响应   Δlnpig 冲击下 Δlnpork 的累积脉冲响应

在对玉米饲用供应链上中下游的玉米价格、生猪价格、猪肉价格进行脉冲响应分析后，本书运用方差分解考察玉米饲用供应链各价格的动态特征。由表 5-25 可以看出，在玉米临时收储政策实施期间，外部冲击作用对生猪价格所产生的影响中，玉米价格对生猪价格的贡献由第 1 期的 1.36% 上升至第 12 期的 1.56%；玉米价格对猪肉价格的贡献由第 1 期的 1.74% 上升至第 12 期的 2.08%；生猪价格对猪肉价格的贡献第 2 期达到最大为 96.60%，第 12 期仍然保持在 85% 以上。

表 5-25　玉米价格、生猪价格、猪肉价格的方差分解（玉米临时收储政策时期）

时期	玉米价格			生猪价格			猪肉价格		
	玉米价格	生猪价格	猪肉价格	玉米价格	生猪价格	猪肉价格	玉米价格	生猪价格	猪肉价格
1	100.0000	0.0000	0.0000	1.3596	98.6404	0.0000	1.7385	89.0608	9.2007
2	97.7856	0.3886	1.8259	0.9385	95.1477	3.9138	1.0260	96.5961	2.3779
3	96.3527	0.2033	3.4440	0.8732	90.1306	8.9962	0.8503	94.7588	4.3910
4	95.3726	1.0899	3.5375	0.9731	86.2682	12.7587	0.9051	91.5158	7.5790
5	94.0823	3.0603	2.8574	1.1538	84.1582	14.6880	1.0952	89.1581	9.7467
6	92.7143	4.9667	2.3191	1.3405	83.3208	15.3387	1.3502	87.9345	10.7154
7	91.6558	6.1716	2.1727	1.4780	83.1152	15.4068	1.5972	87.4035	10.9993
8	90.9759	6.7522	2.2719	1.5510	83.1678	15.2812	1.7883	87.1899	11.0218
9	90.5485	7.0018	2.4497	1.5760	83.2890	15.1350	1.9146	87.1033	10.9821
10	90.2375	7.1326	2.6300	1.5768	83.3871	15.0361	1.9924	87.0502	10.9573
11	89.9613	7.2424	2.7963	1.5697	83.4455	14.9848	2.0417	86.9985	10.9598
12	89.6893	7.3605	2.9502	1.5615	83.4815	14.9570	2.0756	86.9510	10.9735

玉米"价补分离"政策时期。基于 LR、FPE、AIC、SC、HQ 等数值选择滞后项数，用"*"号表示上述指标中各自给出的最小滞后期。根据判定准则，选择最优滞后期为 2 期，滞后阶数判定结果见表 5-26。

表 5-26　滞后阶数的判定（玉米"价补分离"政策时期）

Lag	LogL	LR	FPE	AIC	SC	HQ
0	117.2601	NA	5.73e−08	−8.1614	−8.0187	−8.1178
1	207.5796	154.8334	1.73e−10	−13.9700	−13.3990	−13.7954
2	232.6619	37.6236*	5.63e−11*	−15.1187*	−14.1196*	−14.8133*
3	237.3277	5.9988	8.20e−11	−14.8091	−13.3818	−14.3728
4	248.9912	12.4967	7.74e−11	−14.9993	−13.1438	−14.4321
5	259.3769	8.9020	8.90e−11	−15.0983	−12.8146	−14.4002

参数估计结果的矩阵形式如下：

$$B_t = \begin{bmatrix} 1.64 & 0.07 & -0.15 \\ -0.59 & 2.00 & -1.09 \\ -0.27 & 0.80 & -0.39 \end{bmatrix} \times B_{t-1} + \begin{bmatrix} -0.74 & 0.20 & -0.17 \\ 0.63 & -0.88 & 0.84 \\ 0.30 & -0.42 & 0.11 \end{bmatrix} \times B_{t-2} + \begin{bmatrix} 0.34 \\ 0.41 \\ 0.52 \end{bmatrix}$$

从模型估计结果看（见表 5-27、表 5-28），以 lncorn、lnpig、lnpork 为被解释变量的三个方程的拟合优度较好，分别达到了 95.89%、95.65%、97.78%，模型估计是成立的。

表 5-27　VAR 模型各方程检验结果（玉米"价补分离"政策时期）

指标	lncorn	lnpig	lnpork
R−squared	0.9589	0.9565	0.9778
Adj.R−squared	0.9486	0.9456	0.9723
Sum sq.resids	0.0063	0.0423	0.0162
S.E.equation	0.0162	0.0420	0.0260
F−statistic	93.3236	87.8908	176.5024
Log likelihood	87.8188	58.2692	73.1471
Akaike AIC	−5.2142	−3.3077	−4.2676
Schwarz SC	−4.8903	−2.9839	−3.9438
Mean dependent	0.5324	2.6575	3.1450
S.D.dependent	0.0714	0.1800	0.1561

表 5-28　VAR 模型整体检验结果（玉米"价补分离"政策时期）

指标	检验结果
Determinant Residual Covariance	3.13E-11
Log Likelihood	1.45E-11
Akaike Information Criteria	254.8595
Schwarz Criteria	-15.0877

在以上分析的基础上，运用脉冲响应函数进一步分析玉米饲用供应链系统在受到外部冲击时玉米价格、生猪价格、猪肉价格所呈现的动态变化情况。当生猪价格受到玉米价格的一个标准差单位正向冲击时有负向反应，第 1 期为 -0.72%，第 8 期转为正向影响，第 12 期上升到 2.37%，累计响应为 -9.68%（见图 5-33、图 5-34）；当猪肉价格受到生猪价格的一个标准差单位正向冲击时有正向反应，第 1 期受到正向 2.46% 单位的上涨，第 3 期达到最大为 5.57%，此后呈下降趋势，第 7 期达到最低为 2.19%，之后逐步上升，第 12 期上升至 2.40%，累计响应为 39.24%（见图 5-35、图 5-36）。

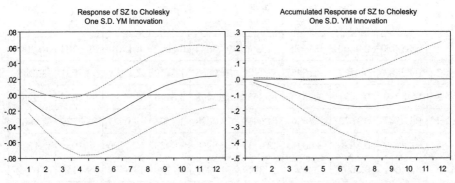

图 5-33　玉米"价补分离"政策期间一个标准差（1）
Δlncorn 冲击下 Δlnpig 的正交脉冲响应

图 5-34　玉米"价补分离"政策期间一个标准差（2）
Δlncorn 冲击下 Δlnpig 的累积脉冲响应

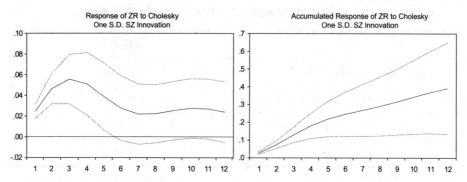

图 5-35　玉米"价补分离"政策期间一个标准差（3）图 5-36　玉米"价补分离"政策期间一个标准差（4）

Δlnpig 冲击下 Δlnpork 的正交脉冲响应　　　Δlnpig 冲击下 Δlnpork 的累积脉冲响应

　　从方差分解结果来看，在玉米"价补分离"政策实施期间，外部冲击作用于生猪价格所产生的影响中，玉米价格对生猪价格的贡献由第 1 期的 1.64% 上升至第 12 期的 19.37%；玉米价格对猪肉价格的贡献由第 1 期的 0.12% 上升至第 12 期的 17.63%；生猪价格对猪肉价格的贡献第 2 期达到最大为 93.76%，第 12 期为 78.84%（见表 5-29）。

表 5-29　玉米价格、生猪价格、猪肉价格的方差分解（玉米"价补分离"政策时期）

时期	玉米价格			生猪价格			猪肉价格		
	玉米价格	生猪价格	猪肉价格	玉米价格	生猪价格	猪肉价格	玉米价格	生猪价格	猪肉价格
1	100.0000	0.0000	0.0000	1.6356	98.3644	0.0000	0.1201	89.6704	10.2094
2	99.7888	0.0567	0.1545	7.4013	91.0868	1.5119	3.1952	93.7631	3.0418
3	98.8019	0.0431	1.1550	14.2558	82.6998	3.0444	8.5730	89.5017	1.9253
4	96.0543	0.1622	3.7836	19.6469	77.0028	3.3503	14.0917	83.7279	2.1805
5	91.8079	0.1886	8.0035	22.0117	74.8960	3.0923	17.7720	80.1055	2.1226
6	87.2041	0.2092	12.5867	21.8914	74.6937	3.4149	18.8599	79.1169	2.0232
7	83.2181	0.7887	15.9933	21.1516	74.7431	4.1053	18.4107	79.1879	2.4013
8	80.2101	2.1685	17.6214	20.6999	75.0490	4.2511	17.9768	79.1922	2.8310
9	78.1771	3.8323	17.9906	20.2942	75.7106	3.9952	17.9268	79.2593	2.8140

续表

时期	玉米价格			生猪价格			猪肉价格		
	玉米价格	生猪价格	猪肉价格	玉米价格	生猪价格	猪肉价格	玉米价格	生猪价格	猪肉价格
10	76.9953	5.0973	17.9073	19.8140	76.1347	4.0513	17.8782	79.4252	2.6967
11	76.4419	5.7528	17.8053	19.4601	75.9951	4.5447	17.7229	79.3178	2.9593
12	76.2530	5.9965	17.7504	19.3664	75.5302	5.1034	17.6252	78.8416	3.5332

综上所述，玉米临时收储政策期间，玉米价格对生猪价格的近期效应较强，对生猪价格的累积效应较弱；玉米"价补分离"政策期间，玉米价格对生猪价格的近期效应和累积效应均较弱。可能的原因是玉米临时收储政策期间，玉米价格处于高位水平，玉米成本对生猪养殖成本的冲击较大，因此玉米价格对生猪价格影响较大。无论是玉米临时收储政策期间还是玉米"价补分离"政策期间，生猪价格对猪肉价格的近期效应和累积效应均较强，但是玉米"价补分离"政策期间的近期效应和累积效应均小于玉米临时收储政策期间的近期效应和累积效应，说明玉米"价补分离"政策对生猪—猪肉价格传导效应具有正向作用（见表5-30）。玉米临时收储政策时期玉米价格对生猪价格的贡献小于玉米"价补分离"时期，玉米价格对猪肉价格的贡献和生猪价格对猪肉价格的贡献均大于玉米"价补分离"时期。整体来看，玉米价格对生猪价格和猪肉价格的贡献比较小，说明生猪价格受生猪市场自身影响比较大，而猪肉价格的波动主要来自生猪价格的贡献。

表5-30　不同政策时期价格传导效应比较

时期	价格传导路径	近期效应	累积效应
玉米临时收储政策时期	玉米—生猪	较强	较弱
	生猪—猪肉	较强	较强
玉米"价补分离"政策时期	玉米—生猪	较弱	较弱
	生猪—猪肉	较强	较强

本章基于产业链视角，构建了农户、政府、第三方主体（玉米产业链上的各类企业）三维坐标。在农户维坐标，分析了玉米收储政策改革的生产效应和收入效应。在政府维坐标，分析了玉米收储政策改革的补贴效应。在第三方主体维坐标，分析了玉米收储政策改革的收储效应和加工效应。

从生产效应看，首先，基于宏观数据分析了玉米"价补分离"政策实施后政策实施区玉米播种面积、玉米用工数量、玉米物质与服务费用等的变化特征。就玉米播种面积而言，2016年玉米"价补分离"政策实施后使得2017年政策实施区的玉米播种面积较2016年减少了1452.89万亩，下降了5.57%。2017年玉米市场价格回暖，使得2018年政策实施区的玉米播种面积增加852.91万亩。2019年政策实施区的玉米播种面积再次减少，较2018年下降2.70%。在政策实施区内各省（区）中，黑龙江省玉米播种面积下降得最多，对政策的响应强度最大。就玉米用工数量而言，2016—2019年，政策实施区的玉米用工数量下降4.90%。在政策实施区内各省（区）中，黑龙江省的玉米用工数量下降2.23%，吉林省的玉米用工数量下降16.49%，辽宁省的玉米用工数量下降10.74%，内蒙古自治区的玉米用工数量下降28.67%。就玉米物质与服务费用而言，2016—2019年，政策实施区的玉米物质与服务费用上升2.97%。在政策实施区内各省（区）中，黑龙江省的玉米物质与服务费用减少2.64元/亩，吉林省的玉米物质与服务费用增加6.92元/亩，辽宁省的玉米物质与服务费用增加6.28元/亩，内蒙古自治区的玉米物质与服务费用增加33.37元/亩。其次，基于黑龙江、吉林、辽宁、内蒙古、河南、河北、山东、山西8个省（区）960户农户的微观调研数据运用双重差分模型（DID）评估了玉米"价补分离"政策对农户生产行为的影响。研究结果表明：从平均特征维度来看，玉米"价补分离"政策影响了农户的生产行为，减少了玉米生产过程中土地、劳动和物质要素的投入，其中对农户的玉米种植土地投入行为影响最大；从动态特征维度来看，玉米"价补分离"政策实施初始阶段，农户生产行为对政策响应强度高，但后续政策效应逐渐弱化。特别是玉米收储政策改革的第三年，产生了政策效果与政策目标偏离现象；从空间特征维度来看，玉米"价补分离"政策对农户生产行为的影响呈现玉米非优势产区大于玉米优势产区的特点。

从收入效应看，运用双重差分模型（DID）分别基于农户玉米收入视角和农户家庭收入视角分析了玉米"价补分离"政策的收入效应。就农户玉米收入而言，玉米"价补分离"政策的实施使得农户人均玉米收入水平下降，但在玉米生产者补贴的作用下，政策实施区农户人均玉米收入的下降幅度得到了延缓。就农户家庭收入而言，虽然玉米"价补分离"政策实施后政策实施区农户的人均家庭收入始终呈现上升趋势，但该项政策的实施阻碍了政策实施区农户人均家庭收入的增长。

从补贴效应看，通过构建玉米生产者补贴政策回应性评估模型分析了玉米收储政策改革的补贴效应。研究结果表明：玉米生产者补贴政策的实施保护了农户种粮的基本收益，但目前补贴方式在实施中仍为原有粮食"直补"方式的复制，未能兼顾同一区域内农户因集约水平不同所导致的单产差异，政策操作细节不规范直接影响政策实施效果。为深入探讨农户对玉米生产者补贴政策认知度与满意度的关系，本书首先运用主成分分析法计算出农户对政策满意度的综合评价，进而运用多元排序选择模型分析农户政策认知度对政策满意度的影响。研究结果表明：玉米种植户对玉米生产者补贴政策补贴标准的认知程度越高，其对政策的满意度越高；玉米生产者补贴越能够满足农户的基本收益，农户对政策的满意度越高；倾向于调整种植结构的农户几乎与政策的满意度无关，愿意调整种植结构的农户大多位于玉米非优势产区，选择玉米替代作物种植可以获得更高的收益，与其对政策本身的满意度无关。

从收储效应看，玉米"价补分离"政策实施后，国有粮食收储企业的经营机制发生了改变，弱化了其对粮食收购的垄断；玉米原料成本的显著下降，激活了玉米加工企业的收购积极性；入市收购玉米的合作社数量呈现上升趋势，一些合作社开启玉米代收代储模式；粮食经纪人的占比呈现下降趋势，但仍然占据较高的市场份额。玉米"价补分离"政策的实施激励了市场主体，专有粮食收储企业、玉米加工企业、收储合作社、粮食经纪人等主体纷纷进入市场，由购销主体单一化转变为购销主体多元化，实现了从玉米收购"独角戏"到"大合唱"的转变。

从加工效应看，就玉米深加工的加工效应而言，玉米"价补分离"政策实施以来，降低了玉米原料成本，扩大了玉米下游产业的利润空间。玉米淀粉和玉米酒精的加工利润都转为正值，特别是玉米酒精的加工利润表现得更为明显。与此同时，玉米淀粉和玉米酒精的出口大幅度增长，大大增强了玉米产业发展的活力。就玉米饲用加工的加工效应而言，在玉米价格下跌的情况下，养殖成本显著下降，饲料需求日渐增长，饲料市场和养殖业市场开始复苏。运用链合模型对玉米饲用供应链价格传导路径和传导幅度进行分析，玉米"价补分离"政策期间，玉米价格对生猪价格的近期效应和累积效应均较弱。无论是玉米临时收储政策期间还是玉米"价补分离"政策期间，生猪价格对猪肉价格的近期效应和累积效应均较强，但是玉米"价补分离"政策期间的近期效应和累积效应均小于玉米临时收储政策期间的近期效应和累积效应，说明玉米"价补分离"政策对生猪—猪肉价格传导效应具有正向作用。玉米"价补分离"政策时期玉米价格对生猪价格的贡献大于玉米临时收储政策时期，玉米价格对猪肉价格的贡献和生猪价格对猪肉价格的贡献均小于玉米临时收储政策时期。整体来看，玉米价格对生猪价格和猪肉价格的贡献比较小，说明生猪价格受生猪市场自身影响比较大，而猪肉价格的波动主要来自生猪价格的贡献。

第六章　玉米收储政策改革的
空间效应

    玉米收储政策改革后，玉米价格的波动会在不同国别、不同地区、不同品种的市场间进行横向传导。本书分别对玉米收储政策改革的区域传导效应、替代效应和溢出效应进行分析，即分析收储政策改革对国内玉米主销区、玉米相关替代品、玉米国际市场的影响，探讨玉米收储政策改革在空间上的联动性，研判在开放市场框架下玉米收储政策改革后的市场格局。

第一节　玉米收储政策改革的
区域传导效应分析

    玉米是我国三大主粮作物之一，具有播种面积最大、产量最高、种植范围最广的特点。玉米不仅是主要的农产品，更是重要的动物饲料来源和工业原料来源。21 世纪以来，玉米口粮消费、种用消费、饲用消费分别由 2000 年的 8.53%、0.89%、79.95% 下降至 2020 年的 4.22%、0.66%、60.91%；工业消费由 2000 年的 10.63% 上升至 2020 年的 32.29%。目前，饲用消费和工业消费占玉米总消费的 93% 以上（见表 6-1）。2016 年玉米收储政策改革以来，玉米价格回归市场，定价机制的改变是否会影响主要作为饲料粮和工业粮的玉米产销市场的空间价格传导？是否会带来玉米国内产销流通格局的变化？本书通过分析玉米收储政策改革的区域传导效应，为研判肉蛋奶等畜产品和玉米深加工产品的保供稳价提供科学依据。

表6-1 2000—2020年我国玉米消费情况

年份	总消费量（万吨）	口粮消费		工业消费		饲用消费		种用消费	
		数量（万吨）	比重（%）	数量（万吨）	比重（%）	数量（万吨）	比重（%）	数量（万吨）	比重（%）
2000	10909	930	8.53	1160	10.63	8722	79.95	97	0.89
2001	11292	935	8.28	1260	11.16	8992	79.63	106	0.94
2002	11580	935	8.07	1350	11.66	9188	79.34	107	0.93
2003	11615	920	7.92	1400	12.05	9190	79.12	105	0.90
2004	12041	930	7.72	1800	14.95	9200	76.41	111	0.92
2005	12894	925	7.17	2500	19.39	9350	72.52	119	0.92
2006	14306	935	6.54	3650	25.51	9600	67.10	121	0.85
2007	14881	940	6.32	4328	29.09	9480	63.71	133	0.89
2008	16234	950	5.85	4800	29.57	10350	63.76	133	0.82
2009	16999	960	5.65	5400	31.77	10580	62.24	139	0.82
2010	17620	965	5.48	5600	31.78	10900	61.86	155	0.88
2011	17991	978	5.44	5300	29.46	11200	62.25	157	0.88
2012	19518	990	5.07	4690	24.03	13160	67.42	169	0.87
2013	18763	1048	5.59	4860	25.90	12330	65.72	178	0.95
2014	17761	1065	6.00	4510	25.39	11650	65.59	185	1.04
2015	18620	1092	5.86	4700	25.24	12220	65.63	188	1.01
2016	21110	1150	5.45	6300	29.84	13000	61.58	180	0.85
2017	23802	1150	4.83	8000	33.61	14000	58.82	180	0.76
2018	26552	1150	4.33	9500	35.78	15200	57.25	180	0.68
2019	26583	1130	4.25	9050	34.04	15700	59.06	180	0.68
2020	27252	1150	4.22	8800	32.29	16600	60.91	180	0.66

数据来源：布瑞克农业数据库。

一、玉米产销区的界定

我国是玉米生产大国和玉米消费大国，玉米主产区主要集中于东北、华北等地，主销区则位于华东、东南和西南等地。由于本书着重于考察玉米收储政策改革后我国玉米产销市场格局的变化，而玉米收储政策改革的区域主要在吉林、黑龙江、辽宁、内蒙古，因此本部分研究的玉米主产区选择上述三省一区。根据区域玉米产量、消费量，选取产消差较大的广东、浙江、山东、江苏为玉米主销区（见表6-2）。

表6-2　我国各省区玉米产消情况

省（区）	总产量 （2014—2018 年平均）	总消费量 （2014—2018 年平均）	产消差 （2014—2018 年平均）
北京	40.48	168.45	-127.97
天津	111.63	300.03	-188.4
河北	1960.88	1729.74	231.14
山西	999.53	359.99	639.54
内蒙古	2583.19	495.25	2087.94
辽宁	1663.05	1212.8	450.25
吉林	3095.98	2174.89	921.09
黑龙江	3961.48	2151.87	1809.61
上海	2.39	142.91	-140.52
江苏	297.86	601.46	-303.6
浙江	22.35	560.58	-538.23
安徽	623.93	653.58	-29.65
福建	11.65	306.42	-294.77
江西	13.98	421.74	-407.76
山东	2557.89	3006.73	-448.84
河南	2223.04	1224.86	998.18
湖北	354.43	548.24	-193.81
湖南	199.67	790.35	-590.68

省（区）	总产量 （2014—2018 年平均）	总消费量 （2014—2018 年平均）	产消差 （2014—2018 年平均）
广东	55.33	1381.96	−1326.63
广西	272.39	502.01	−229.62
海南	0	359.37	−359.37
重庆	250.32	278.06	−27.74
四川	1026.27	826.5	199.77
贵州	366.58	142.1	224.48
云南	889.97	343.57	546.4
西藏	2.49	20.37	−17.88
陕西	581.28	336.49	244.79
甘肃	589.24	156.8	432.44
青海	13.35	41.17	−27.82
宁夏	224.18	223.88	0.3
新疆	891.46	121.35	770.11

数据来源：布瑞克农业数据库。

二、玉米价格变化特征分析

自 2008 年国家实施玉米临时收储政策以来，在临时收储价格的"托市"作用下，国内玉米价格持续上涨，于 2011 年 9 月左右达到峰值，此后连续多年高位运行。2015 年 9 月我国首次下调玉米临时收储价格，2016 年 3 月取消了玉米临时收储政策，开启了玉米市场化改革的序幕。玉米收储政策改革后，回归市场的国内玉米价格呈现明显下降趋势。

表 6-3 是玉米收储政策改革前后，产销区玉米价格变化与波动情况。2011 年 1 月至 2016 年 3 月，产区和销区玉米价格总体平稳，平均变异系数为 6.85%，其中产区平均变异系数为 6.29%，销区平均变异系数为 7.38%，产区平均变异系数比销区平均变异系数低 1.09 个百分点。可见，在国家临时收储政策的宏观调控作用下，政策实施区产区的玉米价格波动低于销区。

随着玉米市场化改革的正式实施，产销区玉米价格呈现出新的变化特征：作为改革实施区域，内蒙古、辽宁、吉林、黑龙江是政策改革的直接承受者，脱离了高位临时收储价格的支撑。这些区域的玉米价格在改革初期显著下降，之后恢复性增长，价格波动幅度较大，平均变异系数达到10.61%，其中吉林和黑龙江的变异系数分别达到11.27%和11.97%。与此同时，作为政策改革间接承受者的玉米销区，其价格也呈现出先下跌再恢复性增长的特征，但玉米价格波动幅度小于产区。这一方面说明了市场整合的价格传递效率，另一方面说明了玉米收储政策改革对产业链下游企业的提振作用。从变异系数看，2016年4月至2020年9月，玉米销区平均变异系数为8.46%，比产区低2.15个百分点，说明玉米收储政策改革对产区玉米市场价格的影响更直接，程度更强。玉米市场化改革后，由于玉米价格完全由市场供求形成，因此，产区和销区玉米平均变异系数均高于临时收储政策实施期间，但是产销区间价格传导作用强度仍需实证进一步检验。

表6-3　2011—2020年产销区玉米价格变化情况

	玉米收储政策改革前			玉米收储政策改革后		
	均值（元/吨）	标准差（元/吨）	变异系数（%）	均值（元/吨）	标准差（元/吨）	变异系数（%）
内蒙古	2194	132	6.02	1734	172	9.92
辽宁	2291	151	6.59	1805	170	9.42
吉林	2174	127	5.84	1695	191	11.27
黑龙江	2122	142	6.69	1638	196	11.97
主产区	2195	138	6.29	1718	182	10.61
广东	2429	135	5.56	1946	161	8.27
浙江	2453	150	6.11	1960	141	7.19
山东	2254	207	9.18	1848	204	11.04
江苏	2363	209	8.84	1931	144	7.46
主销区	2375	175	7.38	1921	163	8.46

数据来源：布瑞克农业数据库。

三、区域间玉米价格传导关系的实证分析

（一）数据来源与变量描述性统计

为比较玉米收储政策改革前后玉米产销区价格传导问题，探讨玉米收储政策改革后玉米产销区价格传导的变化，本书实证分析选择的研究期间分别为2011年1月4日至2016年3月25日、2016年3月26日至2020年9月22日的日数据，2011年1月4日至2016年3月25日的样本观察值为1218个；2016年3月26日至2020年9月22日的样本观察值为981个。

根据前文对玉米产销区的划分，本书选取玉米主产区黑龙江、吉林、辽宁、内蒙古以及玉米主销区广东、浙江、山东、江苏的玉米现货价格。不同区域玉米价格的描述性统计见表6-4。

表6-4 玉米收储政策改革前后不同区域玉米价格描述性统计

	省份	样本观察值	均值（元/吨）	标准差（元/吨）	最大值（元/吨）	最小值（元/吨）
玉米收储政策改革前	黑龙江	1218	2122	142	2380	1740
	吉林	1218	2174	127	2420	1820
	辽宁	1218	2291	151	2600	1890
	内蒙古	1218	2194	132	2450	1830
	广东	1218	2429	135	2750	1960
	浙江	1218	2453	150	2720	2100
	山东	1218	2254	207	2810	1580
	江苏	1218	2363	209	2750	1747

续表

	省份	样本观察值	均值（元/吨）	标准差（元/吨）	最大值（元/吨）	最小值（元/吨）
玉米收储政策改革后	黑龙江	981	1638	196	2260	1290
	吉林	981	1695	191	2330	1320
	辽宁	981	1805	170	2330	1430
	内蒙古	981	1734	172	2320	1430
	广东	981	1946	161	2480	1580
	浙江	981	1960	141	2400	1620
	山东	981	1848	204	2420	1440
	江苏	981	1931	144	2400	1675

数据来源：布瑞克农业数据库。

（二）玉米产销区市场整合情况分析

市场整合，是指存在于不同市场间的一种价格运动关系，即某一市场价格波动对另一市场价格的影响程度。在完全竞争条件下，市场间的价格可以自由传递，一个市场的产品价格波动可以完全传导到另一个市场，此时该产品市场是整合的。市场整合通常可以分为长期市场整合和短期市场整合。长期市场整合反映两个市场价格之间长期稳定的联动关系。长期市场整合说明市场间存在整合的"趋向"，无法表明市场运作效率。短期市场整合，即市场效率，反映市场价格偏离长期市场整合后向均衡价格调整的速度。市场间的整合程度及运作效率一般依据短期市场整合检验的结果。因为短期市场整合检验可以反映某一市场的变化是否在短期内"立即"对另一市场的价格产生影响，从而反映出市场整合度。

本书首先运用 ADF 检验方法对黑龙江、吉林、辽宁、内蒙古、广东、浙江、山东、江苏 8 个省（区）玉米收储政策改革前后的玉米价格进行平稳性检验。结果显示，无论玉米收储政策改革前还是玉米收储政策改革后，所有序列均在 1% 的显著水平下为一阶单整序列，玉米收储政策改革后主产区的玉米价格一阶单整序列更显著（见表 6-5）。

表 6-5 我国玉米主产销区玉米价格的 ADF 检验结果

			t–Statistic	Prob.			t–Statistic	Prob.
玉米收储政策改革前	主产区	黑龙江	ADFteststatistic	−15.2140	0.0000	广东	ADFteststatistic	−16.9862	0.0000
			Test critical values:1% level	−2.5669			Test critical values:1% level	−2.5669	
			5% level	−1.9411			5% level	−1.9411	
			10% level	−1.6165			10% level	−1.6165	
		吉林	ADFteststatistic	−42.6797	0.0001	浙江	ADFteststatistic	−34.2810	0.0000
			Test critical values:1% level	−2.5669			Test critical values:1% level	−2.5669	
			5% level	−1.9411			5% level	−1.9411	
			10% level	−1.6165			10% level	−1.6165	
		辽宁	ADFteststatistic	−44.5919	0.0001	主销区 山东	ADFteststatistic	−40.9176	0.0000
			Test critical values:1% level	−2.5669			Test critical values:1% level	−2.5669	
			5% level	−1.9411			5% level	−1.9411	
			10% level	−1.6165			10% level	−1.6165	
		内蒙古	ADFteststatistic	−37.8416	0.0000	江苏	ADFteststatistic	−24.0252	0.0000
			Test critical values:1% level	−2.5669			Test critical values:1% level	−2.5669	
			5% level	−1.9411			5% level	−1.9411	
			10% level	−1.6165			10% level	−1.6165	

续表

				t-Statistic	Prob.				t-Statistic	Prob.
玉米收储政策改革后	主产区	黑龙江	ADFteststatistic	-29.1591	0.0000	主销区	广东	ADFteststatistic	-17.5377	0.0000
			Test critical values:1% level	-2.5673				Test critical values:1% level	-2.5673	
			5% level	-1.9411				5% level	-1.9411	
			10% level	-1.6165				10% level	-1.6165	
		吉林	ADFteststatistic	-29.3962	0.0000		浙江	ADFteststatistic	-33.7095	0.0000
			Test critical values:1% level	-2.5673				Test critical values:1% level	-2.5673	
			5% level	-1.9411				5% level	-1.9411	
			10% level	-1.6165				10% level	-1.6165	
		辽宁	ADFteststatistic	-35.6080	0.0000		山东	ADFteststatistic	-11.2107	0.0000
			Test critical values:1% level	-2.5673				Test critical values:1% level	-2.5673	
			5% level	-1.9411				5% level	-1.9411	
			10% level	-1.6165				10% level	-1.6165	
		内蒙古	ADFteststatistic	-31.0243	0.0000		江苏	ADFteststatistic	-20.0205	0.0000
			Test critical values:1% level	-2.5673				Test critical values:1% level	-2.5673	
			5% level	-1.9411				5% level	-1.9411	
			10% level	-1.6165				10% level	-1.6165	

1. 长期市场整合分析

本书运用 Johansen 协整检验对玉米收储政策改革前后我国玉米产销区之间价格的长期关系进行检验。由表 6-6 结果可见，玉米收储政策改革前，由黑龙江、吉林、辽宁、内蒙古 4 个玉米主产区与广东、浙江、山东、江苏 4 个玉米主销区组成的 16 对主产销区市场中，有 10 对市场在 1% 的显著水平下具有长期协整关系，有 6 对市场在 5% 的显著水平下具有长期协整关系。由表 6-7 可知，玉米收储政策改革后，16 对主产销区市场均在 1% 的显著水平下具有长期协整关系。说明无论玉米收储政策改革前还是玉米收储政策改革后，我国玉米产销区玉米市场价格存在共同的变动趋势。在长期内，产销区玉米价格的波动趋势基本一致，整体上存在显著的长期稳定关系且玉米收储政策改革后这种长期稳定关系更为显著。

表 6-6　玉米收储政策改革前我国玉米主产销区长期市场整合检验结果

		主产区			
		黑龙江	吉林	辽宁	内蒙古
主销区	广东	18.9086**	25.7334***	19.2087**	20.5237***
		17.8491**	25.0048***	18.0397**	19.8462***
	浙江	23.1963***	26.5120***	32.7032***	18.6564**
		20.5839***	24.2064***	29.5923***	16.8524**
	山东	23.1041***	20.8745***	19.6306**	22.8104***
		22.9577***	20.7357***	19.5244**	22.4550***
	江苏	17.8724**	20.8000***	20.1007***	18.9920**
		17.2974**	20.2369***	19.4077***	18.2499**

注：***、** 分别表示 Johansen 检验的迹统计量和最大特征根统计量在1%、5% 水平下显著。上面一行为迹统计量，下面一行为最大特征根统计量。

表 6-7　玉米收储政策改革后我国玉米主产销区长期市场整合检验结果

		主产区			
		黑龙江	吉林	辽宁	内蒙古
主销区	广东	30.5463***	33.0697***	31.1038***	29.3533***
		30.2873***	32.8539***	30.9824***	28.9332***
	浙江	22.3255***	24.4193***	30.9227***	26.8053***
		22.1874***	24.3482***	30.9207***	26.6658***
	山东	34.6308***	26.6597***	23.6179***	28.8135***
		34.5732***	26.6230***	23.6171***	28.7911***
	江苏	32.9181***	27.9816***	29.1260***	34.7418***
		32.9099***	27.9803***	29.1221***	34.6582***

注：*** 表示 Johansen 检验的迹统计量和最大特征根统计量在1% 水平下显著。上面一行为迹统计量，下面一行为最大特征根统计量。

2. 短期市场整合分析

通过上面的分析可知，长期内我国玉米主产销区之间存在市场整合关系。那么，玉米市场整合程度和运行效率如何？本书运用 ECM 模型对存在长期市场整合关系的区域市场间短期整合情况进行检验。

ECM 模型的核心思想认为因变量的波动来自自变量短期波动的影响和均衡误差的回调。其基本形式为：

$$\nabla y_t = \beta_0 + \beta_1 \nabla x_t + \lambda \mathrm{ecm}_{t-1} + \varepsilon_t \tag{6-1}$$

式中，ecm 为误差修正项。

ECM 模型可以通过 ADL（1,1）模型加以解释。ADL（1,1）模型如下：

$$y_t = \beta_0 + \beta_1 x_t + \beta_2 y_{t-1} + \beta_3 x_{t-1} + \varepsilon_t \tag{6-2}$$

移项后，整理可得：

$$\nabla y_t = \beta_0 + \beta_1 \nabla x_t - (1-\beta_2)\left[y_{t-1} - \frac{\beta_1+\beta_3}{1-\beta_2} x_{t-1} \right] + \varepsilon_t \tag{6-3}$$

式（6-3）为误差修正模型表达式，其中误差修正项为 $y - \dfrac{\beta_1+\beta_3}{1-\beta_2} x$。

式（6-3）解释如何决定因变量 y_t 的短期波动 ∇y_t。从式（6-3）可见，两方面因素影响了短期波动 ∇y_t，即自变量短期波动 ∇x_t 和 ecm。如果变量 y_t 和 x_t 之间存在长期均衡关系，即 $\bar{y}=\alpha\bar{x}$，那么式（6-3）中的 ecm 可以改写成如下形式：

$$\bar{y} - \frac{\beta_1+\beta_3}{1-\beta_2} \bar{x} \tag{6-4}$$

可见，ecm 为均衡误差，即短期波动中变量偏离其长期均衡的程度。

一般地，式（6-2）中 $|\beta_2|<1$，所以 $\lambda=-(1-\beta_2)<0$。因此，当 $y_{t-1} > \dfrac{\beta_1+\beta_3}{1-\beta_2} x_{t-1}$，$\mathrm{ecm}_{t-1}$ 为正，$\lambda\mathrm{ecm}_{t-1}$ 为负，使 ∇y_t 减少，反之亦然。这体现了均衡误差对 y_t 的控制。

根据误差修正模型的特点，对于玉米主产销区价格之间的联动性，将着重分析"短期波动影响"和"均衡误差回调"两个角度。

（1）短期波动影响。从短期波动角度，如表6-8结果可见，玉米收储政策改革前主产区玉米价格波动1个单位，将导致同期主销区玉米价格同方向波动0.1662个单位，即主产区玉米价格上涨或下跌1元/吨，主销区玉米价格将上涨或下跌0.1662元/吨，传递率为16.62%。玉米收储政策改革后主产区玉米价格波动1个单位，将导致同期主销区玉米价格同方向波动0.1142个单位，即主产区玉米价格上涨或下跌1元/吨，主销区玉米价格将上涨或下跌0.1142元/吨，传递率为11.42%。玉米收储政策改革前主销区玉米价格波动1个单位，将导致同期主产区玉米价格同方向波动0.1888个单位，即主销区玉米价格上涨或下跌1元/吨，主产区玉米价格将上涨或下跌0.1888元/吨，传递率为18.88%。玉米收储政策改革后主销区玉米价格波动1个单位，将导致同期主产区玉米价格同方向波动0.2053个单位，即主销区玉米价格上涨或下跌1元/吨，主产区玉米价格将上涨或下跌0.2053元/吨，传递率为20.53%。由此可知，无论玉米收储政策改革前还是玉米收储政策改革后，玉米主销区价格短期波动向玉米主产区的传递率均高于玉米主产区。玉米收储政策改革前，主销区向主产区的玉米价格波动传递率比主产区向主销区的玉米价格波动传递率高2.26%，玉米收储政策改革后，主销区向主产区的玉米价格波动传递率比主产区向主销区的玉米价格波动传递率高9.11%。玉米收储政策改革使得主销区向主产区的玉米价格波动传递率上升了1.65%。说明玉米主销区在市场价格波动中占主导地位，玉米收储政策改革使得这种主导地位愈加明显。

（2）均衡误差回调。从长期均衡角度看，如表6-8结果可见，玉米收储政策改革前如果前一个工作日主产区玉米价格偏离均衡关系1个单位，次日将向均衡关系回归0.06%。玉米收储政策改革后如果前一个工作日主产区玉米价格偏离均衡关系1个单位，次日将向均衡关系回归0.17%。玉米收储政策改革后如果前一个工作日主销区玉米价格偏离均衡关系 1 个单位，次日将向均衡关系回归 0.62%。玉米收储政策改革后如果前一个工作日主销区玉米价格偏离均衡关系 1 个单位，次日将向均衡关系回归 0.11%。由此可见，玉米收储政策改革使得主产区玉米价格回调率明显上升，玉米收储政策改革后主产区玉米价格回调率比玉米收储政策改革前上升了 0.11%。玉米收储政策改革前，主产区玉米价格回调率比主销区低 0.56%。玉米收储政策改革后，主产区玉米价格回调率比主销区高 0.06%。

表 6-8　我国玉米主产区与主销区的短期市场整合检验结果

	玉米主销区				玉米主产区			
	玉米收储政策改革前					玉米收储政策改革前		
		系数	T 值	P 值			系数	T 值	P 值
玉米主产区	C	−0.0073	−4.2291	0.0672	玉米主销区	C	−0.0295	−2.4668	0.0138
	ΔP	0.1662	6.2741	0.0000		ΔP	0.1888	6.2740	0.0000
	ECM	0.0006	4.1747	0.0676		ECM	−0.0062	−2.4666	0.0138
	Adjust-R^2	0.0300				Adjust-R^2	0.0347		
	F（P 值）	19.7671（0.0000）				F（P 值）	22.8179（0.0000）		
	玉米收储政策改革后					玉米收储政策改革后		
	C	−0.0144	−1.6802	0.0932		C	−0.0232	−1.3085	0.0191
	ΔP	0.1142	4.8815	0.0000		ΔP	0.2053	4.7903	0.0000
	ECM	−0.0017	−1.7106	0.0875		ECM	0.0011	1.3152	0.0189
	Adjust-R^2	0.0245				Adjust-R^2	0.0233		
	F（P 值）	13.2385（0.0000）				F（P 值）	12.6257（0.0000）		

　　综上所述，随着我国农产品市场价格机制的不断完善，玉米产销区之间的价格信息流通越来越快捷和准确，区域间市场对玉米价格变动的反应速度持续提升，极大地改善了市场效率。

第二节 玉米收储政策改革的替代效应分析

从饲料用途看，小麦、大麦、高粱、DDGS等都是玉米的替代品。玉米临时收储政策实施期间，随着玉米价格的不断攀升，小麦、大麦、高粱、DDGS的进口量呈现出不断增加趋势。2014年上述替代品的进口量达到了最大值2693万吨，其中，大麦和高粱的增长幅度最大。我国每年有180万—200万吨大麦进口用于发酵行业。2013年之前我国大麦进口整体较为稳定，进入2014年后出现爆发性增长。2014年我国大麦进口量达到985.9万吨，较2013年489.1万吨增加了496.8万吨。2013年我国饲料用高粱进口开始快速增加，2014年高粱进口进一步快速增加，进口量达到了1016.2万吨，较2013年416.1万吨增加600.1万吨。玉米"价补分离"政策实施以来，随着玉米价格回归市场，小麦、大麦、高粱和DDGS的进口量明显减少，2019年进口量1331.8万吨，比2014年减少1361.2万吨，减少50.55%。特别是2018年，这些替代品的进口量只有866.7万吨（见图6-1）。

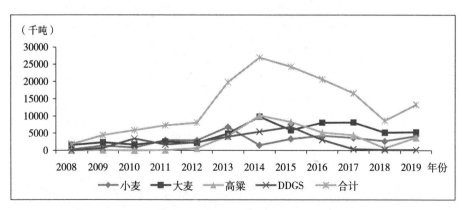

图6-1 2008—2019年我国小麦、大麦、高粱、DDGS进口情况

数据来源：布瑞克农业数据库。

从小麦的饲用消费看，20世纪90年代以来，小麦饲用消费占总消费的比重平均为4.80%。2008年玉米临时收储政策实施以来，小麦与玉米比价关系发生变化，甚至出现倒挂，小麦饲用需求在不断高涨的玉米价格刺激下显著增长，历史上首次出现玉米被小麦大规模替代的现象。我国小麦饲用量在2012年首次突破1000万吨，达到1250万吨，较2007年增长了83.82%，小麦饲用消费占总消费比重达到史上最高10.38%，期间小麦饲用消费占总消费比重平均为6.13%。2016年国家对玉米进行市场化改革，国内与国际重新接轨。小麦与玉米的价差最高时达到1000元/吨，远远高于100—300元/吨的正常水平，价差的大幅度扩大明显抑制了小麦的饲用消费。玉米收储政策改革以来，小麦饲用消费占比平均为5.36%（见图6-2、图6-3）。

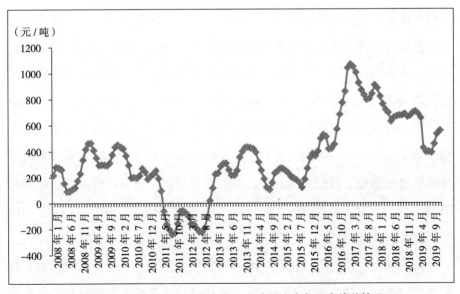

图6-2　2008年1月—2019年9月我国小麦与玉米价差情况

数据来源：布瑞克农业数据库。

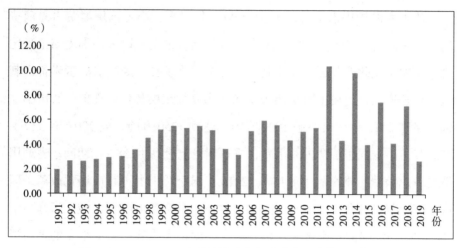

图 6-3　1991—2019 年我国小麦饲用消费占总消费比重情况

数据来源：布瑞克农业数据库。

　　从大麦和高粱的饲用消费看，20 世纪 60 年代以来，大麦饲用消费占总消费的比重平均为 30.49%。从近十年的大麦饲用消费情况看，2014 年大麦饲用消费占总消费比重达到史上最高 64.91%。玉米"价补分离"政策实施以来，大麦的饲用消费占比随着玉米价格的波动也随之波动。2019 年大麦饲用消费占比为 38.71%，较 2014 年下降了 26.20 个百分点。20 世纪 60 年代以来，高粱饲用消费占总消费的比重平均为 36.13%。2008 年玉米临时收储政策实施以来，高粱饲用消费比重不断攀升。2014 年高粱饲用消费占总消费比重达到史上最高 82.68%。玉米"价补分离"政策实施以后，高粱的饲用消费占比呈下降趋势。2019 年高粱饲用消费占比为 62.50%，较 2014 年下降了 20.18 个百分点（见图 6-4）。

　　为了深入分析玉米收储政策改革的替代效应，本书选择玉米对小麦饲用消费的替代弹性、玉米对大麦饲用消费的替代弹性、玉米对高粱饲用消费的替代弹性这三个指标进行研究。玉米对小麦饲用消费的替代弹性，是指在其他条件不变的情况下，玉米价格变化 1% 所引起的小麦饲用消费量变化的百分比。玉米对大麦饲用消费的替代弹性，是指在其他条件不变的情

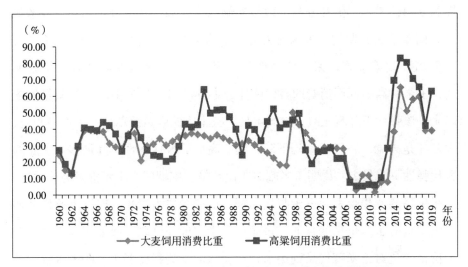

图 6-4　1960—2019 年我国大麦、高粱饲用消费占总消费比重情况

数据来源：布瑞克农业数据库。

况下，玉米价格变化 1% 所引起的大麦饲用消费量变化的百分比。玉米对高粱饲用消费的替代弹性，是指在其他条件不变的情况下，玉米价格变化 1% 所引起的高粱饲用消费量变化的百分比。公式如下：

$$E_{xp} = \frac{\Delta x/x}{\Delta p/p} \qquad (6-5)$$

$$E_{yp} = \frac{\Delta y/y}{\Delta p/p} \qquad (6-6)$$

$$E_{zp} = \frac{\Delta z/z}{\Delta p/p} \qquad (6-7)$$

式（6-5）中，E_{xp} 为玉米对小麦饲用消费的替代弹性，x 表示小麦的饲用量，p 表示玉米的价格；式（6-6）中，E_{yp} 为玉米对大麦饲用消费的替代弹性，y 表示大麦的饲用量，p 表示玉米的价格；式（6-7）中，E_{zp} 为玉米对高粱饲用消费的替代弹性，z 表示高粱的饲用量，p 表示玉米的价格。由表 6-9 可见，玉米临时收储政策实施期间，玉米对小麦饲用消费的替代弹性为 9.44，玉米"价补分离"政策实施以来，该弹性下降至 1.33；玉米临时收储政策实施期间，玉米对大麦饲用消费的替代弹性为 9.97，玉米"价补分离"政策实施以来，该弹性下降至 7.42；玉米临时收储政策实施期间，玉米对高粱饲用消费的替代弹性为 11.44，玉米"价补分离"政策实施以来，该弹性下降至 1.31。由此可见，玉米收储政策改革后，无论是小麦、大麦还是高粱，替代弹性均下降，其中高粱的替代弹性下降最多，大麦的替代弹性下降最少。说明玉米临时收储政策实施期间，玉米价格高位运行，玉米价格的变化会引起玉米替代品饲用消费量更大变化，即玉米替代品饲用消费量对玉米价格变化非常敏感；玉米"价补分离"政策实施以来，玉米价格变化对玉米替代品饲用消费量变化的影响程度变小，即玉米替代品饲用消费量对玉米价格变化的敏感性变小。

表 6-9　玉米对小麦、大麦和高粱饲用消费的替代弹性

	玉米临时收储政策期	玉米"价补分离"政策期
E_{xp}	9.44	1.33
E_{yp}	9.97	7.42
E_{zp}	11.44	1.31

在上文分析的基础上，本书运用双对数模型探讨玉米收储政策改革对 DDGS 进口量的替代弹性。替代弹性的一般形式如下：

$$\ln DDGS_t = c + \alpha_1 \ln P_t + \alpha_2 \ln DDGS_{t-1} + \mu_t \qquad (6-8)$$

式（6-8）中，$DDGS_t$ 表示 t 期 DDGS 进口量，P_t 表示 t 期玉米价格，$DDGS_{t-1}$ 表示 t-1 期 DDGS 进口量。

本书分别选择 2008 年 1 月至 2016 年 3 月和 2016 年 4 月至 2019 年 12 月的月度数据分析玉米收储政策改革前后玉米价格对 DDGS 进口的替代弹性。使用 Eviews 软件，采用普通最小二乘法进行数据分析和方程估计。估计结果见表 6-10。从表 6-10 可以看出，玉米临时收储政策实施期间，玉

米对 DDGS 进口的替代弹性为 1.712。玉米"价补分离"政策实施以来，玉米对 DDGS 进口的替代弹性降至 1.254。同样说明，玉米价格由市场供求决定回归市场后，DDGS 进口量对玉米价格变动的敏感度下降。

表 6-10　玉米对 DDGS 进口的替代弹性

	玉米临时收储政策期	玉米"价补分离"政策期
方程	$\ln DDGS_t = -10.965 + 1.712\ln P_t +$ $0.825\ln DDGS_{t-1}$	$\ln DDGS_t = -8.273 + 1.254\ln P_t +$ $0.886\ln DDGS_{t-1}$
R^2	0.87	0.85
D.W	2.73	1.96
替代弹性	1.712	1.254

综上所述，玉米临时收储政策实施期间，玉米替代品——大麦、小麦、高粱、DDGS 等进口量不断攀升；玉米收储政策改革后，这些替代品的进口量呈现明显下降趋势。从替代弹性来看，无论是玉米临时收储政策期还是玉米"价补分离"政策期，玉米价格对小麦、大麦、高粱的饲用消费替代弹性均大于 1，玉米价格对 DDGS 进口替代弹性也大于 1，即均富有弹性，但是玉米收储政策改革以来，替代弹性均明显下降。

第三节　玉米收储政策改革的溢出效应分析

自 2010 年我国成为玉米净进口国以来，国际玉米价格大幅下跌。由于我国实行玉米临时收储政策，玉米临时收储价格持续高于玉米国际价格，国内外玉米价格走势相互背离。2016 年 3 月，玉米临时收储政策黯然终结，代之以"价补分离"政策。新政策的实施是否会对国际玉米市场产生溢出效应？玉米国内外价格传导关系是否会发生变化？本书基于 2011 年 1 月 4 日—2020 年 7 月 24 日玉米的四种日价格（国内现货价、国内期货价、国际现货价、国际期货价）数据，将国内外玉米现货和期货放在同一分析框架，分析国内玉米价格波动的传导效应及对国际玉米价格的影响程度。

一、变量选取与数据说明

本书主要关注玉米国内现货价格、国内期货价格、国际现货价格、国际期货价格四种价格，分别以日价格数据来代表。由于这四个市场都有因节假日等导致价格缺失的情况，本书去除节假日得到每种价格观察值均为1 616个。

本书以玉米收储政策改革为背景，探究政策变化前后国内外玉米价格传导的变化。根据国家发改委新闻公告，以玉米"价补分离"政策实施的时间2016年3月28日为节点将样本区间分为两个时期。2011年1月4日—2016年3月27日为政策改革前时期，2016年3月28日—2020年7月24日为政策改革后时期。据此分时段对比研究国内外玉米现货、期货价格在均值水平上的价格传导。

二、向量误差修正模型（VEC 模型）

向量误差修正（VEC 模型）由萨尔根首次提出，戴维森与亨德利确定其主要形式。该模型是对诸变量施加了协整约束条件的向量自回归模型，其优点在于可以用原始时间序列直接进行回归，具有明确的经济含义。本书通过 VEC 模型分析国外玉米价格从短期非平衡状态到长期均衡状态的调整过程。

在建立 VEC 模型前首先要判断变量间的协整关系，如果通过协整检验，则建立滞后 n 阶的 VEC 模型，具体模型如下：

$$\Delta \mathrm{dsp}_t = \mu_1 + \alpha_1 \mathrm{ecm}_{t-1}$$

$$+ \sum_{i=1}^{n} \beta_i^{11} \Delta \mathrm{dsp}_{t-i} + \sum_{i=1}^{n} \beta_i^{12} \Delta \mathrm{dfp}_{t-i} + \sum_{i=1}^{n} \beta_i^{13} \Delta \mathrm{isp}_{t-i} + \sum_{i=1}^{n} \beta_i^{14} \Delta \mathrm{ifp}_{t-i} + \varepsilon_{1,t}$$

$$\Delta \mathrm{dfp}_t = \mu_2 + \alpha_2 \mathrm{ecm}_{t-1}$$

$$+ \sum_{i=1}^{n} \beta_i^{21} \Delta \mathrm{dsp}_{t-i} + \sum_{i=1}^{n} \beta_i^{22} \Delta \mathrm{dfp}_{t-i} + \sum_{i=1}^{n} \beta_i^{23} \Delta \mathrm{isp}_{t-i} + \sum_{i=1}^{n} \beta_i^{24} \Delta \mathrm{ifp}_{t-i} + \varepsilon_{2,t}$$

$$\Delta \mathrm{isp}_t = \mu_3 + \alpha_3 \mathrm{ecm}_{t-1}$$

$$+ \sum_{i=1}^{n} \beta_i^{31} \Delta \mathrm{dsp}_{t-i} + \sum_{i=1}^{n} \beta_i^{32} \Delta \mathrm{dfp}_{t-i} + \sum_{i=1}^{n} \beta_i^{33} \Delta \mathrm{isp}_{t-i} + \sum_{i=1}^{n} \beta_i^{34} \Delta \mathrm{ifp}_{t-i} + \varepsilon_{3,t}$$

$$\Delta \mathrm{ifp}_t = \mu_4 + \alpha_4 \mathrm{ecm}_{t-1}$$

$$+ \sum_{i=1}^{n} \beta_i^{41} \Delta \mathrm{dsp}_{t-i} + \sum_{i=1}^{n} \beta_i^{42} \Delta \mathrm{dfp}_{t-i} + \sum_{i=1}^{n} \beta_i^{43} \Delta \mathrm{isp}_{t-i} + \sum_{i=1}^{n} \beta_i^{44} \Delta \mathrm{ifp}_{t-i} + \varepsilon_{4,t}$$

其中，dsp_t表示我国玉米现货价格；dfp_t表示我国玉米期货价格；isp_t表示国际玉米现货价格；ifp_t表示国际玉米期货价格；ecm_{t-1}表示误差修正项，说明短期非均衡状态与长期均衡状态间的差异；$\alpha_1, \alpha_2, \alpha_3, \alpha_4$是误差修正项系数；当$k=j$时，$\beta^{kj}$表示$\Delta \mathrm{dsp}_t, \Delta \mathrm{dfp}_t, \Delta \mathrm{isp}_t, \Delta \mathrm{ifp}_t$的自回归系数，当$k \neq j$时，$\beta^{kj}$表示$\Delta \mathrm{dsp}_t, \Delta \mathrm{dfp}_t, \Delta \mathrm{isp}_t, \Delta \mathrm{ifp}_t$交叉项的短期调整系数，$\varepsilon_{1,t}, \varepsilon_{2,t}, \varepsilon_{3,t}, \varepsilon_{4,t}$表示回归方程的残差项。

三、平稳性检验

本书通过 ADF 检验来进行平稳性检验，检验结果如表6-11、表6-12 所示。

表6-11　玉米收储政策改革前各变量的平稳性检验结果

	原序列				一阶差分序列			
	lndsp	lndfp	lnisp	lnifp	Δlndsp	Δlndfp	Δlnisp	Δlnifp
ADF 值	−0.7009 （0.8444）	4.4578 （1.0000）	−0.6101 （0.8658）	−0.8911 （0.7913）	−11.2327 （0.0000）	−18.2513 （0.0000）	−12.4756 （0.0000）	−24.0735 （0.0000）
1%level	−3.4365	−3.4365	−3.4365	−3.4365	−3.4365	−3.4365	−3.4365	−3.4365
5%level	−2.8641	−2.8641	−2.8642	−2.8641	−2.8641	−2.8641	−2.8642	−2.8641

续表

	原序列				一阶差分序列			
	lndsp	lndfp	lnisp	lnifp	Δlndsp	Δlndfp	Δlnisp	Δlnifp
10%level	−2.5682	−2.5682	−2.5682	−2.5682	−2.5682	−2.5682	−2.5682	−2.5682
结论	非平稳	非平稳	非平稳	非平稳	平稳	平稳	平稳	平稳

注：（　）内为 P 值。

由表 6-11 可知，玉米收储政策改革前，玉米国内现货、国内期货、国际现货、国际期货的对数价格序列均不平稳，但一阶差分序列在 1% 的置信水平下均是平稳序列。

表 6-12　玉米收储政策改革后各变量的平稳性检验结果

	原序列				一阶差分序列			
	lndsp	lndfp	lnisp	lnifp	Δlndsp	Δlndfp	Δlnisp	Δlnifp
ADF 值	0.5155（0.9872）	−0.2439（0.9301）	−3.4675（0.0092）	−2.8647（0.0502）	−12.9577（0.0000）	−23.7066（0.0000）	−28.1837（0.0000）	−23.1194（0.0000）
1%level	−3.4414	−3.4413	−3.4413	−3.4413	−3.4414	−3.4413	−3.4413	−3.4413
5%level	−2.8663	−2.8663	−2.8663	−2.8663	−2.8663	−2.8663	−2.8663	−2.8663
10%level	−2.5694	−2.5693	−2.5694	−2.5693	−2.5694	−2.5694	−2.5694	−2.5694
结论	非平稳	非平稳	平稳	平稳	平稳	平稳	平稳	平稳

注：（　）内为 P 值。

由表 6-12 可知，在玉米收储政策改革后，玉米国际现货的对数价格序列在 1% 的置信水平下平稳，玉米国际期货的对数价格序列在 10% 的置信水平下平稳，玉米国内现货与期货的对数价格序列均是非平稳序列。玉米国际期货、玉米国内现货与期货的一阶差分序列均在 1% 的置信水平下平稳。

综上，玉米国内现货、国内期货、国际现货、国际期货的价格序列在玉米收储政策改革前后均通过平稳性检验，满足建立协整检验和 GARCH 模型的前提。

四、国内外玉米价格的传导关系

为研究国内外玉米现货和期货间的价格传导，首先应研究四个市场间是否存在价格传导关系。本书运用 Johansen 协整检验法来检验国内外玉米市场玉米价格间的协整关系。如表 6-13 所示，玉米收储政策改革前后，玉米国内现货、国内期货、国际现货、国际期货均拒绝"存在零个协整关系"，即四个市场间存在价格传导关系。

表 6-13 玉米收储政策改革前后的协整关系检验

	原假设	特征根	Trace统计量	5%临界值	P 值	Max-Eigen统计量	5%临界值	P 值
玉米收储政策改革前	None	0.068923	96.78354	47.85613	0.0000	73.41263	27.58434	0.0000
	At most 1	0.017009	23.37091	29.79707	0.2283	17.63575	21.13162	0.1441
	At most 2	0.005556	5.735164	15.49471	0.7266	5.727002	14.26460	0.6485
	At most 3	7.94E-06	0.008163	3.841466	0.9276	0.008163	3.841466	0.9276
玉米收储政策改革后	None	0.049467	54.67188	47.85613	0.0100	29.47564	27.58434	0.0283
	At most 1	0.026058	25.19624	29.79707	0.1545	15.34029	21.13162	0.2658
	At most 2	0.016420	9.855953	15.49471	0.2920	9.619207	14.26460	0.2382
	At most 3	0.000407	0.236745	3.841466	0.6266	0.236745	3.841466	0.6266

接下来具体分析玉米价格序列两两之间是否存在协整关系。由表 6-14 可知，在玉米收储政策改革前，国际现货、国内现货价格，国际期货、国内期货价格，两两之间存在协整关系。说明国内市场、国际市场、国内期货市场与国际期货市场之间存在长期均衡关系，而国内现货市场与国外市场玉米价格是相互分离的。在玉米收储政策改革后，新增了国内现货—国际现货、国内现货—国际期货两对协整关系价格序列。说明玉米"价补分离"政策实施后，国内现货市场与国际市场的玉米价格建立起了协整关系。国内外市场玉米价格的整合度更高了。

表 6-14　玉米价格对的协整关系检验

		特征值	迹检验统计量	5%临界值	最大特征值统计量	5%临界值
玉米收储政策改革前	国内现货—国内期货	0.0560	61.2908←	15.4947	59.0795←	14.2646
	国内现货—国际现货	0.0064	8.1305	15.4947	6.5900	14.2646
	国内现货—国际期货	0.0085	11.9430	15.4947	8.7235	14.2646
	国内期货—国际现货	0.0251	26.1688←	15.4947	26.0396←	14.2646
	国内期货—国际期货	0.0230	24.0746←	15.4947	23.8832←	14.2646
	国际现货—国际期货	0.0151	15.8387←	15.4947	15.5890←	14.2646
玉米收储政策改革后	国内现货—国内期货	0.0156	20.1130←	15.4947	19.0818←	14.2646
	国内现货—国际现货	0.0145	18.4667←	15.4947	18.4645←	14.2646
	国内现货—国际期货	0.0197	21.8239←	15.4947	21.5674←	14.2646
	国内期货—国际现货	0.0295	17.5269←	15.4947	17.4356←	14.2646
	国内期货—国际期货	0.0166	19.7925←	15.4947	19..7800←	14.2646
	国际现货—国际期货	0.0186	17.1309←	15.4947	10.8090←	14.2646

注：表示在 0.05 的水平下拒绝原假设。

五、国内外玉米价格的传导方向

本书建立 Granger 因果检验判断短期内国内外现货与期货市场玉米价格的传导方向。由表 6-15 可知，玉米收储政策改革前，玉米国内现货、国际期货双向因果；玉米国际现货、国际期货双向因果；玉米国内期货对国内现货、玉米国际现货对国内现货、玉米国际期货对国内期货均为单向因果；玉米国内期货、国际现货因果关系不显著。玉米收储政策改革后，玉米国内现货与国内期货双向因果；玉米国内期货与国际现货双向因果；玉米国际期货对国内期货、国际现货单向因果；玉米国内现货与国际现货、国际期货市场间的因果关系均不显著。从玉米收储政策改革前后国内外玉米价格的传导方向看，玉米期货市场价格是国内外玉米价格传导的主导价格。

表 6-15 Granger 因果检验结果

原假设		F 统计量	显著性水平	检验结果
玉米收储政策改革前	玉米国内现货价格不是国内期货价格的 Granger 原因	0.3212	0.7254	接受
	玉米国内期货价格不是国内现货价格的 Granger 原因	39.0308	5.E-17	拒绝
	玉米国内现货价格不是国际现货价格的 Granger 原因	0.7327	0.4809	接受
	玉米国际现货价格不是国内现货价格的 Granger 原因	10.3756	3.E-0.5	接受
	玉米国内现货价格不是国际期货价格的 Granger 原因	4.3311	0.0134	拒绝
	玉米国际期货价格不是国内现货价格的 Granger 原因	8.6231	0.0002	拒绝
	玉米国内期货价格不是国际现货价格的 Granger 原因	0.0184	0.9818	接受
	玉米国际现货价格不是国内期货价格的 Granger 原因	2.0354	0.1312	接受
	玉米国内期货价格不是国际期货价格的 Granger 原因	0.4950	0.6097	接受
	玉米国际期货价格不是国内期货价格的 Granger 原因	13.4773	2.E-0.6	接受
	玉米国际现货价格不是国际期货价格的 Granger 原因	4.7101	0.0092	拒绝
	玉米国际期货价格不是国际现货价格的 Granger 原因	98.1247	1.E-39	拒绝
玉米收储政策改革后	玉米国内现货价格不是国内期货价格的 Granger 原因	2.3183	0.0994	拒绝
	玉米国内期货价格不是国内现货价格的 Granger 原因	12.5870	4.E-06	拒绝
	玉米国内现货价格不是国际现货价格的 Granger 原因	0.5402	0.5829	接受
	玉米国际现货价格不是国内现货价格的 Granger 原因	0.5203	0.5946	接受
	玉米国内现货价格不是国际期货价格的 Granger 原因	1.0488	0.3510	接受
	玉米国际期货价格不是国内现货价格的 Granger 原因	1.3370	0.2634	接受
	玉米国内期货价格不是国际现货价格的 Granger 原因	2.4686	0.0856	拒绝
	玉米国际现货价格不是国内期货价格的 Granger 原因	2.4372	0.0883	拒绝
	玉米国内期货价格不是国际期货价格的 Granger 原因	0.1392	0.8701	接受
	玉米国际期货价格不是国内期货价格的 Granger 原因	2.6062	0.0747	拒绝
	玉米国际现货价格不是国际期货价格的 Granger 原因	0.5759	0.5625	接受
	玉米国际期货价格不是国际现货价格的 Granger 原因	8.2746	0.0003	拒绝

六、国内外玉米价格的传导路径

脉冲响应函数能够刻画每个内生变量的变动或冲击对它自己，以及所有其他内生变量产生的影响作用，由此来判断变量间的动态关系。本书运用脉冲响应函数分析国内外玉米价格的动态关系和传导路径。

图 6-5 是玉米收储政策改革之前，国内外玉米现货与期货价格受到一个标准差的新息 ① 冲击时的反应。就我国玉米现货市场价格而言，当受到自身新息冲击时，当期的反应是 0.3977%，随后逐步上升，在第 5 期达到最大 0.4511%，此后逐渐下降，至第 75 期转为负值；当受到我国玉米期货市场价格的新息冲击时，当期反应是 0%，此后逐渐上升，在第 100 期时达到 1.621%；当受到国际玉米现货市场价格的新息冲击时，当期反应是 0%，之后为负向反应，至第 11 期转为正值，此后逐渐上升，在第 100 期时达到 0.4248%；当受到国际玉米期货市场价格的新息冲击时，当期反应是 0%，第 3 期由正值转为负值，至第 16 期再次转为正值，此后逐渐上升，在第 100 期时达到 0.1466%。就我国玉米期货市场价格而言，当受到自身新息冲击时，当期的反应是 0.6862%，第 2 期、第 3 期分别下降至 0.6494%、0.5889%，此后不断上升，在第 100 期时达到 1.7960%；当受到我国玉米现货市场价格的新息冲击时，当期反应是 0.0164%，第 2 期下降至 0.0146%，第 3 期开始转为负向反应，并不断下降，在第 100 期时达到 −0.5309%；当受到国际玉米现货、期货市场价格的新息冲击时，当期反应均是 0%，此后有短期的上升、下降波动，之后呈上升趋势，在第 100 期时分别达到 0.4046%、0.1951%。就国际玉米现货市场价格而言，当受到自身新息冲击时，当期反应是 1.4243%，第 2 期下降至 1.2593%，此后一直在 1.25% 左右徘徊；当受到我国玉米现货市场价格的新息冲击时，其反应一直为负，基本在 −0.20% 左右徘徊；当受到我国玉米期货市场价格的新息冲击时，当期反应为 0.3073%，第 6 期下降至 0.2520%，此后逐渐上升，在第 100 期时达到 0.3063%；当受到国际玉米期货市场价格的新息冲击时，当期

---

① 新息：脉冲响应分析中心的表达方式。

反应为0%，第2期上升至0.6365%，第4期下降至0.5189%，从第5期开始基本稳定在0.56%。就国际玉米期货市场价格而言，当受到自身新息冲击时，当期反应是1.9700%，第2期为1.9624%，此后基本在1.86%—1.89%徘徊；当受到我国玉米现货市场价格的新息冲击时，其反应一直为负，第1期为-0.0779%，第100期为-0.3830%；当受到我国玉米期货市场价格的新息冲击时，当期反应为0.2391%，此后逐渐上升，在第100期时达到0.4051%；当受到国际玉米现货市场价格的新息冲击时，国际玉米期货市场价格有正向反应，其反应程度基本在0.75%—0.80%。

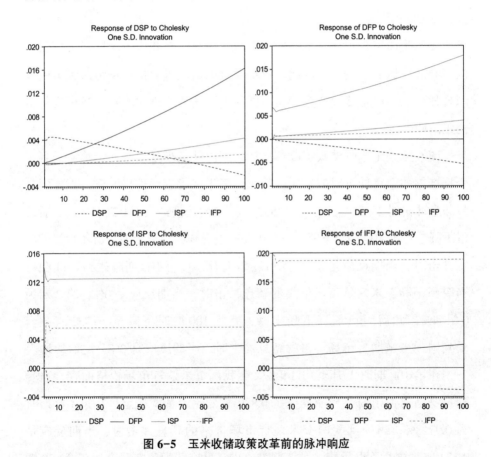

图6-5　玉米收储政策改革前的脉冲响应

综上分析，在初期国内外玉米现货和期货均对自身市场受到的冲击最为敏感，均能在当期对自身市场的冲击作出反应，而且国际玉米现货和期货在当期对自身市场的冲击均达到了最高水平，说明国际玉米现货和期货市场关于信息冲击的反应更灵敏，信息传导能力更强。我国玉米期货市场对我国玉米现货市场和国际玉米现货、期货市场具有冲击传导效应，但对国际玉米现货市场的影响微弱，对国内玉米现货市场的影响最强，说明我国玉米期货市场价格对我国玉米现货市场价格具有引导作用。国际玉米现货市场对我国玉米现货、期货市场和国际玉米期货市场均具有冲击传导效应，且对我国玉米现货、期货市场的影响具有滞后性，说明国际玉米现货价格变动间隔一段时间后才会影响国内玉米现货、期货价格。国际玉米期货市场对我国玉米现货市场的短期影响不明显，对我国玉米期货市场的冲击传导效应微弱，国际玉米期货价格通过国内玉米期货市场传递到国内玉米现货市场，但是传导效应较弱，国际玉米期货价格对国际玉米现货价格的正向冲击显著。

图 6-6 是玉米收储政策改革之后，国内外玉米现货与期货价格受到一个标准差的新息冲击时的反应。就我国玉米现货市场价格而言，当受到自身新息冲击时，当期反应是 0.5850%，第 5 期达到最大值 0.7641%，之后缓慢下降，在第 100 期时下降至 0.5103%；当受到我国玉米期货市场价格的新息冲击时，当期反应是 0%，此后逐渐上升，在第 100 期时达到 0.4409%；当受到国际玉米现货市场价格的新息冲击时，当期反应是 0%，第 2 期为 0.0154%，此后为负值且不断下降，在第 100 期时下降至 −0.7324%；当受到国际玉米期货市场价格的新息冲击时，当期反应是 0%，之后缓慢上升，在第 100 期时上升至 0.1140%。就我国玉米期货市场价格而言，当受到自身新息冲击时，当期反应是 0.8891%，此后基本稳定，在第 100 期时为 0.9218%；当受到我国玉米现货市场价格的新息冲击时，当期反应是 0.1217%，之后不断下降，第 3 期时由正向反应转为负向反应，在第 100 期时下降至 −0.1499%；当受到国际玉米现货市场价格的新息冲击时，当期反

应是 0%，第 2 期为 0.0609%，此后不断下降，第 5 期开始国际玉米现货市场对我国玉米期货市场价格的影响为负，在第 100 期时下降至 −0.1661%；当受到国际玉米期货市场价格的新息冲击时，当期反应是 0%，此后逐渐上升，在第 100 期时上升至 0.1133%。就国际玉米现货市场价格而言，当受到自身新息冲击时，当期反应是 1.9172%，此后不断下降，在第 100 期时下降至 0.1874%；当受到我国玉米现货市场价格的新息冲击时，当期反应是 0.0611%，经过几期的波动起伏，第 10 期开始反应为负，此后一直下降，在第 100 期时下降至 −0.3733%；当受到我国玉米期货市场价格的新息冲击时，其反应总体呈不断上升态势，在第 100 期时上升至 0.5931%；当受到国际玉米期货市场价格的新息冲击时，当期反应为 0%，此后呈上升态势，在第 100 期时上升至 0.4953%。就国际玉米期货市场价格而言，当受到自身新息冲击时，当期反应是 1.4526%，此后平稳上升，在第 100 期时上升至 1.7445%；当受到我国玉米现货市场价格的新息冲击时，当期反应是 −0.0489%，此后平稳下降，在第 100 期时下降至 −0.3033%；当受到我国玉米期货市场价格的新息冲击时，当期反应是 0.12%，第 3 期下降至 0.0847%，此后不断上升，在第 100 期时上升至 0.5256%；当受到国际玉米现货市场价格的新息冲击时，当期反应是 0.9864%，此后不断下降，在第 100 期时下降至 0.0376%。

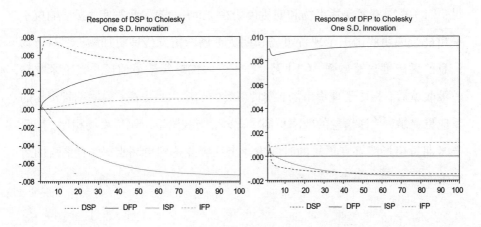

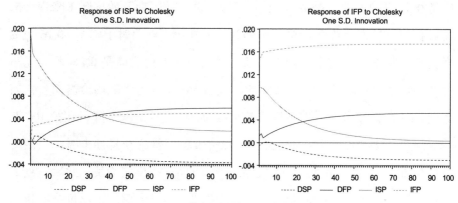

图 6-6　玉米收储政策改革后的脉冲响应

综上分析，无论是国内玉米现货和期货还是国际玉米现货和期货，均能在当期对自身市场的冲击作出反应。除国际玉米现货市场当期对自身市场的冲击达到最高水平，此后下降幅度较大外，其余各个市场的反应比较平稳，说明四个市场均对自身市场的冲击具有较强的敏感性。我国玉米现货市场对其他三个市场的影响微弱。我国玉米期货市场对其他三个市场具有冲击传导效应，这种传导效应不断增强。国际玉米现货市场对其他三个市场的影响不明显。国际玉米期货市场对国际玉米现货市场有显著的正向影响，但对我国玉米现货、期货市场的影响滞后。

基于玉米收储政策改革前后，国内外玉米市场传导路径的对比分析可见：（1）我国玉米现货市场和期货市场在"价补分离"政策实施后，响应水平更高，说明我国玉米现货市场和期货市场的信息传递更加顺畅，对市场信息的敏感度显著增强。（2）无论在玉米收储政策改革前还是在玉米收储政策改革后，相比于现货市场，期货市场的响应水平更高，说明期货市场的反应更灵敏，传递信息的效率更高。此外，与我国玉米期货市场相比，国际玉米期货市场能够在更短的时间内作出反应并达到更高水平，有更高的运行效率。

七、方差分解分析

方差分解即通过分析每一个结构冲击对内生变量变动的贡献度，得出影响内生变量的主要因素，即确定各新息对模型内生变量的相对重要性。本书分别给出了玉米收储政策改革前和改革后两个时期的方差分解结果。

由图 6-7 可知，在玉米收储政策改革前，国内玉米现货价格前期主要受自身波动因素的影响，这种影响逐渐减弱，到第 100 期时，仅为 7.50%；其受国内玉米期货价格影响程度不断增大，第 47 期时，国内玉米期货价格的影响超过了自身的影响，到第 100 期时，达到 84.09%；其受国际玉米现货价格影响微弱，到第 100 期时，仅为 7.75%；且几乎不受国际玉米期货价格的影响。国内玉米期货价格主要受自身波动因素的影响，在第 100 期时，国内玉米期货受自身波动因素的影响仍高达 87.17%，受国内玉米现货价格的影响为 6.25%，受国际玉米期货价格的影响仅为 1.57%。国际玉米现货价格主要受自身波动因素的影响，初期为 95.58%，第 100 期时仍为 78.11%；国际玉米期货价格对其影响比较稳定，基本在 17% 左右；国内玉米现货、期货价格的影响微乎其微，均在 3% 以下。国际玉米期货价格的变动也主要来自自身，初期为 84.97%，第 100 期时仍为 81.84%；国际玉米现货价格对其影响始终在 13% 左右徘徊；国内玉米现货、期货价格的影响均在 2.5% 以下。

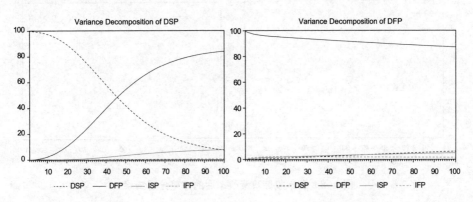

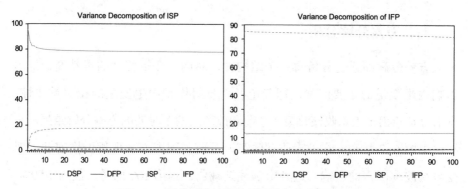

图6-7　玉米收储政策改革前的方差分解结果

由图6-8可知，玉米收储政策改革之后，国际玉米现货市场的影响强度显著增大，由收储政策改革前的7.75%上升至25.61%；国际玉米期货市

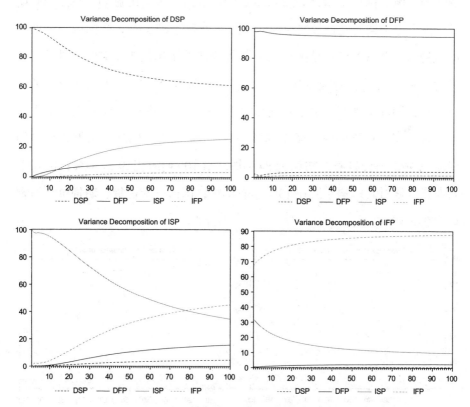

图6-8　玉米收储政策改革后的方差分解结果

场的影响虽然不大，但也上升了近 3 个百分点。与玉米收储政策改革之前相比，改革后的国内玉米期货价格受自身波动因素影响的程度更大，在第 100 期时解释力达到 94.58%，较改革前提高了 7.41 个百分点。国际玉米现货价格初期主要受自身波动因素的影响，影响程度高达 99.82%，此后不断下降，第 100 期时下降为 34.62%；国际玉米期货价格对国际玉米现货价格的影响较改革前显著增强，第 1 期时影响为 0%，此后不断上升，第 100 期时达到 45.09%；国内玉米现货、期货价格均显现出对国际玉米现货价格的影响，第 100 期时的影响程度分别为 4.62% 和 15.67%。玉米收储政策改革后，国际玉米期货价格受自身波动因素影响呈上升态势，自身因素贡献率由第 1 期的 67.39% 上升至第 100 期的 87.72%。

综上所述，相比于玉米收储政策改革前，国内外玉米现货、期货市场的联动性有所增强，国内玉米市场对国际玉米市场的影响有加大趋势。

玉米收储政策改革后，玉米价格的波动会在不同国别、不同地区、不同品种的市场间进行横向传导。本书分别对玉米收储政策改革的区域传导效应、替代效应和溢出效应进行分析，即分析收储政策改革对国内玉米主销区、玉米相关替代品、玉米国际市场的影响，探讨玉米收储政策改革在空间上的联动性，研判在开放市场框架下玉米收储政策改革后的市场格局。

从区域传导效应看，我国玉米主产区主要集中在东北、华北等地，主销区则主要集中在华东、东南和西南等地。本书选取吉林、黑龙江、辽宁、内蒙古三省一区作为玉米主产区，选取产消差较大的广东、浙江、山东、江苏为玉米主销区。通过计算玉米价格变异系数可见，2016 年 4 月至 2020 年 9 月，玉米销区平均变异系数为 8.46%，比产区低 2.15 个百分点，说明玉米收储政策改革对产区玉米市场价格的影响更直接，程度更强。为了进一步探讨产销区间玉米价格传导关系，本书首先运用 Johansen 协整检验对玉米收储政策改革前后我国玉米产销区之间价格的长期关系进行检验。研究结果表明：无论玉米收储政策改革前还是玉米收储政策改革后，我国玉米产销区玉米市场价格均存在共同的变动趋势。在长期内，产销区玉米价格的波动趋势基本一致，整体上存在显著的长期稳定关系且玉米收储政策改革后这种长期稳定关系更为显著。其次运用 ECM 模型对存在长期市场整合关系的区域市场间的短期整合情况进行检验。就短期波动影响而言，无论玉米收储政策改革前还是玉米收储政策改革后，玉米主销区价格短期波动向玉米主产区的传递率均高于玉米主产区价格波动向主销区的传递率。玉米收储政策改革前，主销区向主产区的玉米价格波动传递率比主产区向主销区的玉米价格波动传递率高 2.26%。玉米收储政策改革后，主销区向主产区的玉米价格波动传递率比主产区向主销区的玉米价格波动传递率高 9.11%。玉米收储政策改革使得主销区向主产区的玉米价格波动传递率上升了 1.65%，说明玉米主销区在市场价格波动中占主导地位，玉米收储政策改革使得这种主导地位愈加明显。就均衡误差回调而言，玉米收储政策改革使得主产区玉米价格回调率明显上升。可见，玉米收储政策改革后，玉米产销区之间的价格信息流通更为快捷和准确，区域间市场对玉米价格变动的反应速度得到提高，市场效率得到改善。

从替代效应看，小麦、大麦、高粱、DDGS 等在饲料用途方面都是玉米的替代品。玉米临时收储政策实施期间，随着玉米价格的不断攀升，小麦、大麦、高粱、DDGS 等的进口量不断增加。玉米收储政策改革后，小麦、大麦、高粱、DDGS 等的进口量呈现明显下降趋势。通过计算玉米对小麦、大麦、高粱饲用消费的替代弹性及玉米对 DDGS 进口量的替代弹性可见，无论玉米临时收储政策期还是玉米"价补分离"政策期，玉米价格对小麦、大麦、高粱的饲用消费替代弹性均大于 1，玉米价格对 DDGS 进口替代弹性也大于 1，即均富有弹性，但是玉米收储政策改革以来，替代弹性均明显下降。

从溢出效应看，将国内外玉米现货和期货放在同一分析框架内，运用向量误差修正模型，本章分析了国内玉米价格波动的传导效应及对国际玉米价格的影响程度。研究结果表明："价补分离"政策实施后，我国玉米现货和期货市场的响应水平均较玉米临时收储政策实施期间更高，说明我国玉米现货市场和期货市场的信息传递更加顺畅，对市场信息的敏感度显著增强。相比于玉米收储政策改革前，国内外玉米现货市场和期货市场的联动性有所增强，国内玉米市场对国际玉米市场的影响有加大趋势。

第七章　玉米收储政策的完善与优化

玉米收储政策改革以来取得了明显成效，但改革后的玉米收储政策仍表现为较强的粗放性，难以实现玉米产量稳定、玉米种植户利益保障和玉米产业发展多维平衡，在提升政策效率方面仍有较大空间。本章将提出现行粮食收储政策进一步完善的要点和方向。

第一节　优化目标

一、近期目标

（一）保障玉米生产者收益

玉米"价补分离"政策实施之初，失去价格保护的玉米种植者收益受到较大影响。只有使其获得保障，才能增强其生产的信心，进而实现粮食生产在新高度达到新平衡。

（二）调整种植结构

玉米收储政策改革之初，农户对政策响应具有一定的随意性和盲目性，加之受生产要素投入调整的现实约束，种植结构调整具有时滞性和反复性。因此，应充分发挥政策适度引导作用，逐步推进种植结构调整。

二、长期目标

（一）稳定粮食生产，保障国家粮食安全

从国内形势看，我国粮食安全受到需求端和供给端的双重压力；从国际形势看，我国粮食安全面临国际粮食市场、政治格局、经济贸易以及气候环境等多重风险挑战，这些对我国粮食安全提出了更高要求。作为我国最大的粮食主产区和商品粮生产基地，东北地区要发挥"压舱石""稳定器"作用。玉米是东北地区主要粮食作物之一，兼具粮经饲多重功能。因此，我们应以战略为基本视角，稳定玉米生产为目标，制定完善玉米收储政策，以确保我国粮食安全能够积极应对国内外形势变化和突发情况，保障粮食有效供给为长期目标。

（二）完善利益补偿机制，提高玉米生产者整体收益水平

由于玉米生产成本不断攀升，玉米价格回归市场后，部分年份出现玉米种植者净利润为负的情况。从长期看，玉米收储政策应有效实现玉米生产者利益补偿，提升指向性和有效性，提高玉米生产者整体福祉。

（三）完成种植结构调整，实现资源合理配置

调结构是玉米收储政策改革的重要目标。这里的结构既包括玉米自身种植品种和区域的占比，又包括玉米和其他作物的占比。鉴于此，玉米收储政策改革长期目标应依托不同区域资源禀赋优势，因地制宜，合理配置农作物种植结构，既能够保证玉米生产，又能够实现资源最优配置，完成种植结构由失衡到平衡的调整。

（四）完善玉米收储政策配套政策，提高政策实施效果

目前，玉米"价补分离"政策对玉米生产者决策行为引导路径依靠干预玉米生产者预期来实现，地方政府配套政策的匮乏，在一定程度上影响了政策实施效果。因此，从长期看，地方政府应完善相关配套政策措施，由现有政策单一作用方式向多政策协同方向转变，使玉米收储政策从国家到玉米生产者之间实现有效传导，促进玉米产业高质量发展。

第二节　优化原则

一、平稳性原则

农业生产者对一项新的农业政策或原有农业政策的调整需要经过了解、接受、响应的过程。因此，玉米收储政策调整应保持平稳性原则，通过渐进式的调整，提高政策的传导效率，最大限度降低政策调整对玉米生产者和玉米产业各个环节的负面效应，提高政策实施效果，促进玉米产业健康持续发展。

二、效率性原则

信息不对称、政策实施对象对政策意图理解不充分等都会导致玉米生产者的行为响应具有盲目性和随意性，进而导致政策实施效果不尽如人意。因此，玉米收储政策改革需坚持效率性原则。以国家、地方政府、相关部门以及玉米生产主体协同合作为基石，做到迅捷传达政策、实施细则到位、政策实施者理解充分。

三、精准性原则

目前实施的玉米收储政策仍较为粗放，未能做到精准施策。如"价补分离"政策扶持玉米优势产区玉米生产，减少玉米非优势产区种植面积，实现调结构的政策目标。但在政策实施细则中，政策实施区域并非均按照区域差异制定补贴标准，未能实现生产者补贴精准流向玉米优势产区的政策初衷。因此，我们应坚持精准性原则，通过制定政策实施细则，精准发放补贴资金，从而提高政策实施效果。

四、可持续性原则

玉米收储政策作为农业支持政策，是国家保障玉米市场稳定和粮农收益的重要政策手段。该项政策会在相当长的时间内不断完善和优化。政策的改革既要考虑近期效果，又要考虑长期粮食发展方向。因此，其应坚持可持续性原则，才能实现玉米产业乃至整个农业的高质量持续发展。

第三节 优化措施

一、坚持玉米市场化改革方向，完善补贴方案

中华人民共和国成立以来，我国粮食价格改革的历程表明：无论是计划经济时期的定购价格，还是市场化改革后的托市价格，政府直接或间接参与粮食价格的形成，都只能带来粮食供求关系的短期改善。长期看来，往往导致粮食供求关系的失衡。这种失衡或表现为数量结构的失衡，或表现为品种结构的失衡，或表现为区域结构的失衡。粮食价格市场化改革是解决粮食供求失衡矛盾的有效途径。在保证口粮绝对安全的我国粮食安全政策目标下，政府应避免对粮食价格的过度干预，于粮食市场化改革进程

中在优化市场环境、弥补市场失灵、提供公共产品方面发挥其职能作用：既要夯实资源配置中市场这块基石，又要发挥政府"看得见的手"的职能作用；既要体现市场与政府两者价值的不可替代性，又要体现两者在经济运行中的相辅相成的统一性。玉米收储政策改革加剧了市场化玉米价格的进程，为玉米产业链中处于困境的下游企业注入了一剂强心针，推动了玉米产业链的全面繁荣。鉴于此，我们更要坚守"价补分离"的改革方向。与此同时，玉米收储政策改革也导致了我国玉米种植面积和产量的大幅下降。2020年以来，我国玉米供需缺口不断加大，玉米价格持续上涨，玉米进口压力日益凸显，如何促进玉米生产再次成为亟须解决的重要问题。因此，我国在坚持市场化改革方向、保持政策连续性的同时应充分预估政策调整的影响，反映市场供求的"价"和"补"，还需引导玉米生产者、加工者行为，稳定政策预期，调控政策的设计应充分考虑市场机制和价格机制对整个玉米产业的调节作用。

当前补贴方式着重依托种植面积和平均化。这种方式带来的简易可行是以损失效率为代价换取的，且其损失了调整和优化种植结构以换取农民基本收益的保障。玉米收储政策改革后仍显粗放，虽然不断依据政策实施情况更新补贴方案，但补贴标准的确定原则、公布时间、具体方式等仍滞后于现实情况的变化，尚有改进空间。政府提升补贴效率的重要切入点应是完善补贴标准、规范补贴流程。与此同时，政府完善补贴方案则需依托互联网大数据信息平台，强化收购主体、农户、金融机构三方的黏性，补贴依据需结合市场价格和农户实际销售玉米数量来确定。要确保各种信息发布的真实性和时效性，尤其应在春耕甚至备耕前尽快明确补贴细则，以便农户作出是否种植玉米、是否改变物质和服务投入、是否流转土地等生产决策，为农民备耕留下充足的选择时间与空间。同时，要加强补贴弹性。依托玉米供求、市场价格做好预测，补贴金额要及时在市场价格较高或较低时适当调低或调高。强化玉米生产者补贴导向性，使优势产区能够集中玉米生产者补贴，获得与其对粮食安全贡献相对应的补偿，提升该区域农户玉米种植积极性，增强优势产区玉米产能，保障谷物基本自给。使"价补分离"政策既能发挥市场在玉米资源配置中的决定性作用，又能发挥政府在宏观调控中的保障作用。

二、完善多元收购市场结构，提升玉米收储现代化水平

玉米市场化改革启动后，玉米收购市场结构已初步呈现多元化。玉米收储政策作为宏观经济政策，对于国有粮食企业，需要强化其粮食收储能力；对于民营粮食流通和加工的企业，需增强其仓储水平。我国中央储备粮垂直管理时期，中储粮负责经营管理中央储备粮。而作为独家经营主体的中储粮存在监管不足、管理政企不分等不足。如今的粮食流通体制使中储粮及其委托收储的地方国有粮库的利益主要受粮食储备数量和时间的影响。目前，我国已初步建成中央储备和地方储备协同发展的国家粮食储备体系，但是政府储备仍占主体，企业储备规模较小。因此，提升粮食流通现代化水平、培育粮食产业发展新动能，稳步推进国有粮食购销企业改革势在必行。同时，应剥离中储粮里中央储备粮的购销职能，以产权制度改革为核心，遵循政企分开、所有权与经营权分离原则，建立健全现代企业制度，推进粮食企业混合所有制改革，推动粮食企业向规模化、集团化和产业化发展。加之，对多元主体入市收购给予鼓励和引导，挖掘国有粮食购销企业、民营粮食流通企业、农民合作社、粮食加工企业的协力优势，实现玉米市场的深购远销；大力推进实施"藏粮于民"，鼓励民间多元收购，构建政府主导、企业和农户积极参与的多元粮食储备体系；大力整治"地趴粮"，引导农户因地制宜、就地取材，实现离地通风立体储粮，避免庭院坏粮；强化产销黏性，深化产销地区的贸易合作。

三、创新玉米市场化收购资金筹集方式，健全收入支持方式

鼓励多元市场主体入市收购是玉米收储政策改革的重要内容，但目前在收购过程中入市的市场主体大多面临收购资金融资难、融资贵等问题，为满足多元主体需求，政府应通过多渠道筹措收购资金。一方面，完善银行信贷支持体系，准确定位商业银行的功能，合理分工新型农村金融组织，提升银企对接黏性，使风险共担机制得以落实；另一方面，大力架构期货市场嵌入粮食银行的运行机制。这不仅能够发挥粮食银行的多元功能，强化农户与粮食企业的链接，还能运用期货市场规避风险和价格发现的特点，保障粮食银行的稳健经营。同时，玉米期货有效性高可发展玉米期货价格保险，深度融合期货与保险，保障农户和粮食企业价格，分担财政压力。

玉米"价补分离"政策虽然能够保障玉米种植农户的基本收益，却无法发挥更多保收入的功能。因此，要在完善玉米"价补分离"政策的基础上，加强玉米市场风险管理，推进玉米完全成本保险和收入保险实施进程。2018年，我国在内蒙古、辽宁、安徽、湖北、山东、河南6省（区）12个县试点开展了为期三年的玉米、小麦、稻谷三大粮食作物完全成本保险和收入保险。2021年试点范围扩大至13个粮食主产省（区）的产粮大县。完全成本保险的保险责任覆盖了种子、化肥等物化成本、土地成本和人工成本等农业生产总成本。收入保险的保险责任覆盖了农产品价格、产量波动导致的损失。完全成本保险和收入保险是农业保险的转型升级。充分发挥两项保险的保险功能，以提高农业生产风险应对能力，有效稳定玉米生产者收益，特别是对于新型粮食经营主体，应加大保费补贴和理赔流程等的支持力度，激发新型粮食经营主体玉米种植的积极性。通过"补贴＋保险"的双重收入保障机制，给予玉米种植主体更有力的支持保护，充分发挥政策效能，提高政策实施效果，保障国家粮食安全。

四、深化相关配套政策措施，实现玉米产业高质量发展

国家通过对玉米收储政策的调整、完善及优化以期促进整个玉米产业的高质量发展。玉米收储政策的优化需要服务于玉米产业高质量发展的需求。农业供给侧结构性改革、新冠疫情席卷全球和俄乌战争的爆发等使我国玉米产业发展的国内外形势都产生了较大的变化，新形势有效检验了我国玉米产业发展中的短板和不足。从某种程度上说，也为我国玉米产业高质量发展进一步明确了方向，即坚持市场配置资源，以质量第一，效益优先、绿色发展为基调，以调结构、降成本、补短板和提高竞争力为重点，利用国内国际双循环，统筹玉米生产、加工、流通、进出口、储备等各个环节，实现产品链、产业链、价值链的"三链"结合，推进产加销融合发展，实现玉米"供给侧"与"需求侧"结构相适应，全面提升玉米产业质量、效益和竞争力，培育玉米产业发展新动能，助力乡村振兴。因此，在对玉米收储政策完善和优化的同时，应深化相关配套产业政策措施，进而强化玉米收储政策实施效力，实现玉米产业高质量发展。

第一，统筹设计方面的政策措施：科学规划玉米产业布局，优化玉米种植结构。统筹布局规划玉米生产、存储、供应体系，依托黄金玉米带，以黑龙江的双城、肇源、肇州、巴彦、五常、庆安、林甸、讷河、虎林、富锦等，吉林的榆树、农安、梨树、前郭、扶余、长岭、德惠、伊通、九台等，辽宁的昌图、新民等，内蒙古的赤峰松山区、开鲁县、扎赉特旗、阿荣旗、莫力达瓦达斡尔族自治旗、科尔沁左翼中旗等优势区域为重点，坚持整县整乡整建制推进"两藏"战略，提高玉米综合生产能力，使之成为全国玉米生产储备供应核心区。优化玉米内部种植结构，根据玉米下游产业发展需求，合理布局食用玉米、饲用玉米、加工玉米等品种的种植结构。结合各地资源禀赋，畜牧业向饲用玉米、青贮玉米产业带集中，玉米加工业向鲜食玉米、高油玉米、高淀粉玉米等专用玉米产业带集中。通过

统筹规划提升玉米内在品质，提高转化效率，实现由单纯数量型向数量质量效益型转变。

第二，设施保障方面的政策措施：加快智能化高标准农田建设，改造提升东北水利网络。加快农田基础设施改造，实施农田土地平整田间机耕路、灌排渠道、岸坡防护、沟道治理、农田电网等综合设施建设。加快盐碱地系统治理，坚持耕层改土治碱与灌排洗盐相结合，按"山、水、林、田、路、草"统一规划盐碱地沙化治理，改良土壤。要优先把平原地区的耕地建成高标准农田，明确规定适合机械化作业的高标准农田最低面积标准，建立高标准农田的检查验收制度和档案。在此基础上，加快智能化高标准农田示范区建设，建立农田管理大数据平台，围绕生产物联网监测系统、水肥一体化控制管理系统、高清生产食品监控系统、物联网平台电子商务系统、生产调度中心、质量安全全程追溯系统等，建设集中连片智能化高标准农田，通过智能化终端操作，实现玉米产业全过程监控、科学管理和即时服务。改造提升东北水利网络。打破县域、省域局限，统筹推进东北"水网"工程建设，提高防洪供水能力，消除水安全隐患。优化水资源配置格局，调配松花江、辽河等水系的水资源，提高农田灌溉保障程度和农田灌溉水有效利用系数。改善地下水超采状况，使东北平原的水资源在空间和时间上分配更加合理，实现粮食带灌溉系统联通。对全域中小河流水系进行系统性整治和清淤，打通水系连通主动脉和毛细血管，推动东北平原水系互连互通。

第三，科技支撑方面的政策措施：创制玉米种质资源，提高玉米单产水平。玉米种业国际竞争激烈，发掘优异种质是培育突破性品种的基础。自20世纪70年代初推广玉米单交种以来，我国玉米品种出现了5次更新换代，先后有3万多份玉米种质资源，包括1万多份地方农家种进入国家种质库，这些优质种质资源为我国玉米品种选育提供了更多的可能和选择。目前，要加快建成中长期国家种质资源库，建立种质资源和基因资源的评价与持续利用体系。在东北地区组织开展种质资源中长期安全保存工作，加快实现种业可追溯管理。要把东北地区建成国家玉米种业创新高地，坚持工厂化、模块化培育玉米良种，开展良种选育联合攻关，着力解决"卡脖子"关键技术，培育和推广一批抗旱、抗病虫、氮高效利用、适应机械化的绿色新品种。加强玉米种子自主知识产权保护，培育开发具有自主知识产权的品种，带动制种产业向自主育种、自主开发、自主销售转变。培育一批"育繁推"一体化种子企业，完善种企与科研院所互动机制，通过种质资源推进品种升级换代与叠加整合。

第四，组织创新方面的政策措施：培育新型粮食经营主体，推进玉米优势产区适度规模经营。玉米土地密集型产品，其生产成本的高低直接受经营规模的影响，目前东北地区农户不足 2.5 公顷的户均生产规模无法提高市场竞争力，适度规模经营是建设现代玉米产业体系的必然选择。因此，要积极推动多种形式适度规模经营，发挥新型粮食经营主体的生产能力和服务能力。培育扶持家庭农场，建立健全服务机制，推动更多的专业大户和小农户转变成家庭农场，组织建立家庭农场协会或联盟；加强农民合作社规范化建设，推进其从信息、农资供应、技术向储藏、加工、流通以及内部信用合作转变，鼓励发展示范合作社联社，不断扩大经营规模和综合实力，提高生产经营管理水平和经济效益；引导龙头企业以平等互利为基石和农民合作社、农户、家庭农场签订长期玉米购销合同，促进紧密型利益联结机制的构建；鼓励发展经营性服务组织，完善农业社会化服务体系。通过"龙头企业＋合作社＋基地""地方政府＋金融机构＋龙头企业＋合作社"等产业化经营模式，扩大土地托管、土地入股、代耕代种等规模经营模式，充分发挥规模经营主体在玉米产前、产中、产后各个环节的作用，降低生产成本，提高生产效率，实现规模经济，提高玉米市场竞争力。

第五，产业融合方面的政策措施：发展玉米现代农业产业园，促进玉米产业转型升级。建设玉米现代农业产业园，构建以政府为主导，玉米经营主体共同参与的推进协调机制，促进玉米种植与加工、物流、研发、销售端融合融通；科学划定园区内玉米专用生产区域，做强玉米鲜食、工业、饲用三条加工转化链；提高玉米食品加工精度，延伸深加工产品加工深度，拓展饲料加工产品丰度，延长产业链条，提高玉米加工产品附加值。同时，探索建立绿色生产技术体系，引导新型农业经营主体积极开展商标注册与品牌创建，加强品牌与地域、农耕、民俗文化深度融合，打造玉米及其加工品的区域公共品牌、企业品牌和产品品牌，多元化创新品牌宣传推介方式，建设玉米博物馆和文化产业园，发挥一二三产业融合的乘数效应，带动园区农民增收，促进园区产业转型升级，形成多元多极"同频共振"。

　　玉米"价补分离"政策实施以来取得了明显的成效，但玉米收储政策仍存在粗放性。本章提出了现行政策优化的目标、原则和措施。首先，玉米收储政策优化的目标分为近期目标和长期目标。近期目标包括保障玉米生产者收益和调整种植结构。长期目标包括稳定粮食生产，保障国家粮食安全；完善利益补偿机制，提高玉米生产者整体收益水平；完成种植结构调整，实现资源合理配置；完善玉米收储政策配套政策，提高政策实施效果。其次，玉米收储政策完善和优化应坚持平稳性原则、效率性原则、精准性原则和可持续性原则。最后，从坚持玉米市场化改革方向、完善补贴方案，完善多元收购市场结构、提升玉米收储现代化水平，创新玉米市场化收购资金筹集方式、健全收入支持方式，深化相关配套政策措施、实现玉米产业高质量发展等方面提出现行政策进一步完善和优化的具体措施。

附录

国外玉米收储政策概览

世界经济合作与发展组织（OECD）把对农业生产者的支持与保护归纳为价格支持与直接补贴两种形式。2016年我国对玉米收储政策进行调整，建立玉米生产者补贴制度，探索实施"市场化收购"加"补贴"的新机制。如何更好地以直接补贴的方式对玉米生产者进行支持与保护，成为新时代背景下影响我国玉米供需平衡与战略安全的重要问题。美国、中国、欧盟和巴西是世界玉米的主要生产国家和地区，据联合国粮食及农业组织（FAO）统计数据，2021年上述4个国家和地区的玉米总产量为7.73亿吨，占世界玉米总产量的70%。对上述国家和地区的玉米收储政策及其效果进行分析，可为我国玉米收储政策进一步调整、优化提供一定参考。

一、美国玉米收储政策

美国是世界上最大的玉米生产国和出口国。其玉米产业的发展不仅依赖于美国优越的自然环境、先进的科学技术，还得益于美国成熟的农业支持体系。美国从1933年起就对玉米实施无追索贷款补贴，之后，随着国内外农业环境的变化，美国不断调整其玉米补贴政策。

（一）无追索贷款补贴

20 世纪 30 年代，受资本主义经济危机影响，国际农产品市场需求萎缩，美国出现农产品生产过剩问题。为解决农产品过剩供给问题，美国出台了《农业调整法》，该法案对玉米等主要农作物实施无追索贷款补贴政策。玉米无追索贷款补贴是美国政府为稳定玉米价格而授权农产品信贷公司向参与农业生产计划的农场主（参与停耕、休耕等计划，按配额计划生产、销售的农场主）提供的一笔为期 9—10 个月的短期抵押贷款。该贷款由政府按照一定原则预先确定单位数量的玉米可获得的贷款金额（贷款率），农场主按公布的贷款率和申请贷款的玉米抵押数量向农产品信贷公司申请贷款。玉米收获后，如果市场价格在贷款率加利息之上，农场主可以按市场价格出售玉米，并以现金形式向农产品信贷公司还本付息；如果贷款期限内市场价格一直低于贷款率，农场主可直接把收获的玉米交给农产品信贷公司，并获得贷款，农产品信贷公司无权追索实物价值低于贷款本息部分的还款责任。

（二）营销援助贷款

20 世纪 80 代，受日益增长的农产品补贴支出的影响，美国财政不堪重负，美国政府决定对国内农业补贴政策进行调整，废除政府收购玉米等农产品的价格支持机制，逐渐把无追索贷款转变为营销援助贷款。与无追索贷款相比，玉米营销援助贷款的不同之处在于，当玉米市场价格一直低于贷款率时，农场主无权用抵押的玉米偿还贷款，而必须随行就市，然后用现金按照国内玉米市场价格和最低还款率两者中的较低者偿还贷款，还款额低于贷款率加利息的部分即为营销援助贷款收益。

（三）玉米生产者补贴

自《1996 年美国农业法案》颁布以来，美国对玉米生产者的支持与保护始终以直接补贴的方式进行，不再使用价格支持政策。相较于价格支持，直接补贴的支出成本由政府财政独自负担，无须消费者共同承担。借此，美国在保障了本国玉米战略安全与生产者收入稳定的同时，推动了下游产业的发展，并以强劲的价格竞争力扩大了世界范围内的市场占有。

1996 年以来，美国对农业法案进行了 4 次调整，前后主要有 8 项补贴政策以玉米为特定农产品对其生产者进行直接补贴。但依据各补贴政策在挂钩机制与补贴媒介上的选择差异，可以对这 8 项补贴政策进一步归纳，将其划分为政策性金融支持补贴、脱钩收入补贴、目标价格补贴与目标收入补贴 4 个类别。其中，政策性金融支持补贴以特定的金融服务为前提条件，将信贷与保险作为媒介实现收入的转移，主要包括商品信贷支持补贴与保费补贴。脱钩收入补贴，即补贴与当年农业生产过程中的实际品种、种植面积、产量、价格脱钩，直接以基期的生产情况来确定补贴的水平，包括生产灵活性合约补贴与固定直接补贴。目标价格补贴通过设定特定农产品的目标价格，对实际价格低于目标价格的差额进行补贴，包括反周期补贴与价格损失保障补贴。目标收入补贴则是将价格与单位面积相结合，以收入水平作为补贴触发与否的依据，以共同应对市场风险与自然风险，包括平均作物收入选择计划与农业风险保障计划。其具体的政策类别划分、补贴触发机制与补贴规模如表 1 所示。

表1　美国对玉米生产者的补贴政策体系

政策类别	政策名称	存续期	触发机制
政策性金融支持补贴	商品信贷支持补贴	1996 年至今	玉米的市场价格低于其贷款价格
	保费补贴	1996 年至今	玉米生产者购买相应的农业保险
脱钩收入补贴	生产灵活性合约补贴	1996—2002 年	农业生产者在 1991—1995 年实际种植了玉米
	固定直接补贴	2002—2013 年	农业生产者在 1998—2001 年实际种植了玉米

政策类别	政策名称	存续期	触发机制
目标价格补贴	反周期补贴	2002—2013 年	玉米市场价格与固定直接补贴率之和低于其目标价格
	价格损失保障补贴	2014 年至今	玉米的市场价格低于其目标价格
目标收入补贴	平均作物收入选择计划	2019—2013 年	玉米生产者所在州的实际收入低于州一级的目标收入，且个体的实际收入低于其目标收入
	农业风险保障计划	2014 年至今	玉米生产者所在县的实际收入低于县一级的目标收入

1. 政策性金融支持补贴

（1）具体做法。美国政策性金融支持补贴主要包括商品信贷支持补贴与保费补贴。作为商品信贷支持体系的核心，美国玉米的贷款价格自 1996 年以来进行了两次调整。2002 年其贷款价格由 1.89 美元提高至 1.98 美元；2004 年至今便一直维持在 1.95 美元的水平。美国玉米的市场价格与贷款价格之间的差额于 1998—2001 年和 2004—2005 年在全国层面形成了两个低谷，由此使美国玉米生产者共获得约为 152.81 亿美元的商品信贷支持补贴。保费的补贴规模则主要取决于投保规模的大小以及保障水平的高低，美国玉米生产者可以选择的保障水平范围是 50%—85%，保费补贴率介于 38%—67%，生产者所选择的保障水平越高，保费的补贴率越低。从各年度的补贴总额来看，1996—2006 年的补贴水平较低，每年的补贴总额不超过 10 亿美元。但 2006 年至今，每年的保费补贴均超过 15 亿美元，尤其是在 2011—2013 年，每年的补贴总额更是超过了 25 亿美元。

（2）政策效果。长久性的稳定执行与高水平的补贴，加之对于生产、市场扭曲的极力避免，使得政策性金融支持补贴成为整个玉米生产者补贴政策体系的基石。其中，商品信贷支持补贴作为与实际的生产、价格挂钩的补贴政策，以提交土地报告的方式，强化了对信贷支持前后种植面积的监督，极力减少了对于实际生产的扭曲。同时，为始终有效发挥对于农产品市场价格的托底作用，贷款价格始终维持在较低水平，极力避免了其对市场的扭曲，也为玉米生产者在营销过程中提供了资金支持。而相较于其他补贴，美国对玉米生产者的保费补贴规模最大。高水平与长久性的保费补贴，在减轻了美国玉米生产者支出负担的同时，显著增强了其对市场风险与自然风险的应对能力，为美国玉米生产规模的扩大提供了稳定支持，也成了美国规避世界贸易组织（WTO）"黄箱"政策约束的有效工具。

2. 脱钩收入补贴

（1）具体做法。美国实施的脱钩收入补贴主要包括生产灵活性合约补贴与固定直接补贴。同为脱钩收入补贴，生产灵活性合约补贴与固定直接补贴的最大区别在于补贴水平的确定上。前者的补贴水平是动态的，取决于当年的预算总额与具备补贴资格的总产量；而后者的补贴水平是相对固定的，由农业法案直接预先确定。1996—2013 年，美国对玉米生产者的脱钩收入补贴共计 388.14 亿美元。其中，生产灵活性合约补贴共计 162.91 亿美元；固定直接补贴共计 225.23 亿美元，且每蒲式耳玉米的固定直接补贴水平始终保持在 0.28 美元。美国每年对玉米生产者的脱钩收入补贴总额均超过了 15 亿美元。在生产灵活性合约补贴期内，每年的补贴总额变化较大，这主要是因为当年的预算规模不断变动。而在固定直接补贴期内，玉米的单位补贴水平已经由农业法案预先确定为 0.28 美元 / 蒲式耳，并且补贴的基期面积与单产水平基本保持不变。因此，每年的补贴总额变化较小，基本维持在 20 亿美元的水平。

（2）政策效果。在生产灵活性合约补贴的政策期内，脱钩的机制安排对美国玉米生产的影响确实有限。在此期间，美国玉米种植面积的波动相对较大，更多的是玉米生产者对于市场价格的自觉反应，未呈现出显著的趋势性变化。但《2002 年美国农业法案》的颁布，使固定直接补贴以高水平的收入支持与机会成本稳定了玉米生产，并以通过基期面积调整的心理预期激励了玉米生产。从单位面积的补贴水平来看，基期种植玉米的生产者所获得的补贴要显著高于种植其他农产品的生产者。美国玉米 0.28 美元 / 蒲式耳的固定补贴率并不突出，但在考虑其补贴基期 100.78 蒲式耳 / 英亩的单产水平之后，其单位面积补贴水平约为 28.22 美元 / 英亩，远高于同类农产品。这种显著的高额收入支持则意味着，退出玉米生产则可能会在下一农业法案调整与实施之后，无法获得高额的补贴水平，从而面临过高的机会成本。因此，这一补贴政策首先使基期种植玉米的生产者选择继续种植玉米，从而稳定了玉米的种植面积与规模。《2002 年美国农业法案》对于补贴基期面积的调整，使玉米生产者普遍形成了一种基期面积将会定期调整的心理预期。因此，玉米生产者显著地在当前农业法案有效期内扩大玉米种植面积，以期在下一农业法案中提高补贴的基期面积。2007 年，美国玉米的种植面积由 2006 年的 0.78 亿英亩骤增至 0.93 亿英亩，增长率高达 19.41%。其原因可能在于，美国玉米生产者在当年预期即将颁布的新农业法案中会对固定直接补贴的基期面积进行调整，为获得较大的基期面积与实际补贴，大规模地扩大了玉米的种植面积。但《2008 年美国农业法案》却没有对固定直接补贴的基期面积进行调整，而是继续以《2002 年美国农业法案》所确定的基期面积与单产水平为标准，对玉米生产者进行脱钩收入补贴，2008 年美国玉米的种植面积也随之缩减至 0.85 亿英亩。此外，脱钩收入补贴相对固定的补贴强度及其非差额的补贴方式，使其无法依据市场运行规律进行有针对、有侧重的补贴，容易造成补贴的低效率与高负担。2006 年以来，美国玉米价格总体上呈现出快速上升的趋势，玉米生产者的收入水平也由此快速提高。但在此期间内，每年仍需对其投入约为 20 亿美元的补贴。因此，《2014 年美国农业法案》废止了脱钩收入补贴。

3. 目标价格补贴

（1）具体做法。美国的目标价格补贴主要包括反周期补贴与价格损失保障补贴。1996 年以来，美国对玉米生产者的目标价格补贴总额约为 58.46 亿美元。其中，反周期补贴共 53.87 亿美元，价格损失保障补贴共 4.61 亿美元。自反周期补贴政策确立以来，美国玉米的目标价格经历了两次调整。2004 年，目标价格由此前的 2.60 美元提高至 2.63 美元；2014 年，借价格损失保障补贴政策确立的契机，提升至 3.70 美元。但 2002 年以来，只有 5 个年度触发了目标价格补贴机制。对比前后两项政策，后者的补贴总额显著较低。其原因在于，反周期补贴是玉米生产者在当时所面临的唯一差额补贴政策，而在 2014 年以后，玉米生产者可以在价格损失保障与农业风险保障之间进行选择，并且在实践中，更多的玉米生产者选择了后者。

（2）政策效果。目标价格补贴作为与当年的价格挂钩，与生产脱钩的差额补贴，其对玉米生产与价格的扭曲相对有限，更多的是对当年的生产情况与市场情况的反映与反馈，并且相较于脱钩收入补贴，目标价格补贴具有更高的效率，是其有效的补充。但是目标价格补贴对于生产者所发挥的收入支持效果更侧重于损失补偿，而非收入增长。并且，目标价格补贴在机制设计上也存在着补贴缺位与补贴过度并存的问题。第一，当下跌的市场价格仍然高于目标价格时，价格下跌所导致的生产者的收入损失将不会在目标价格补贴中得到补偿，从而发生补贴的缺位。如 2007—2009 年与 2014 年，美国玉米的市场价格大幅度跳水，生产者收入较此前年度有所下降，但市场价格仍高于目标价格，未能触发目标价格补贴。第二，当下跌的市场价格低于目标价格时，实际发生的补贴规模可能会高于生产者实际的损失规模，发生过度补贴。这是因为价格的下跌往往是产量的增长所致，而产量的增长会在一定程度上弥补价格下跌所带来的收入损失。反周期补贴实际发生在 2004—2005 年和 2015—2017 年，美国玉米单位面积产量与总产量的增加对其生产者的损失是一定的自然弥补。但是，目标价格补贴只以价格的差额来确定补贴水平，实际上已经包含了这部分自然弥补，从而造成了一定的过度补贴与"重复补贴"。

4.目标收入补贴

（1）具体做法。美国的目标收入补贴主要包括平均作物收入选择计划与农业风险保障计划。尽管平均作物收入选择计划与农业风险保障计划在具体的机制设计上存在差异，但二者一脉相承，均不同于目标价格补贴以收入为核心标准的补贴政策。2009年，美国玉米生产者的实际收入相对较低，共25个州的实际收入低于其目标收入。此后，美国玉米产量的不断下降导致其市场价格快速上升，推动实际收入明显高于其当年的目标收入，仅有少数地区触发了平均作物收入选择计划的补贴机制。2013年起，美国玉米市场价格的快速下跌，使全美玉米生产者的实际收入水平在2014—2016年不断下降，低于目标收入水平。进而大规模触发了农业风险保障计划的补贴机制，4年的补贴总额约110亿美元。

（2）政策效果。平均作物收入选择计划作为与实际的价格、生产相挂钩的补贴项目，对美国玉米的生产造成了一定的扭曲。从2008年起，美国玉米的种植面积开始了连续5年的持续增长，由0.86亿英亩持续上升至0.97亿英亩，年均增长率达到3.16%。但是随着"半脱钩"农业风险保障对于前者的取代，这一问题也得到了控制与解决。通过对比补贴前后达到目标收入的地区数量可以发现，农业风险保障计划政策为美国玉米生产者建立起了一张高密度与高深度的收入安全网。在密度上，农业风险保障计划政策为全美2700多个玉米生产地区提供了统一的保障机制，任何一个达到了补贴条件的地区，都将获得实际的补贴。在深度上，玉米生产者收入明显较低的2014—2016年，全美约有二分之一的玉米生产地区在获得补贴之后达到目标收入。其中，每年约有超过700个地区的收入水平从补贴之前的低于目标收入，增长至补贴之后达到目标收入。与脱钩收入补贴、目标价格补贴相比，目标收入补贴在将补贴与收入挂钩的基础上，以历史平均水平作为动态的目标收入，显著增强了补贴的针对性与有效性，避免了低效与无效的财政支出，更加接近收入支持的政策目标。与目标价格补贴的系统有机结合，更是建立起了全面的收入风险保障机制。

二、欧盟玉米收储政策

玉米是欧盟重要的粮食作物和出口作物，一直以来，欧盟都十分重视对玉米的补贴。从 1962 年开始，欧盟先后对玉米主要实施了价格支持政策、直接补贴政策和以保护环境为目的的减少硝酸盐使用的补贴。

（一）价格支持政策

20 世纪 60 年代，欧盟许多成员国家粮食短缺。为了保障粮食安全，实现粮食自给，欧盟对玉米等主要农作物实施了目标价格、干预价格和门槛价格等价格支持政策。其中，玉米目标价格由欧盟部长理事会在每年年初根据玉米在共同体市场上的最高价格确定，是玉米价格的上限。当玉米的市场价格高于目标价格时，政府通过抛售玉米来平抑价格，使其价格稳定在目标价格之下。玉米干预价格是玉米价格的下限。当市场上玉米供过于求，玉米价格下降到干预价格以下时，欧盟农产品干预中心将以该价格收购过剩玉米，使玉米市场价格稳定在干预价格水平，保障农民的最低收入。玉米门槛价格是针对进口玉米制定的最低价格，是以目标价格与进口该农产品的运输费用和贮藏费用的差额为依据制定的。当玉米进口价格低于该价格时，欧盟将按差额对进口玉米征收关税，以使进口玉米价格稳定在目标价格水平，有效避免玉米进口对欧盟玉米产业的冲击。

（二）直接补贴政策

欧盟多年的补贴政策造成农产品过剩供给，并引起了财政负担过重等问题。为从根本上解决农产品过剩问题、增强农业竞争力，1992 年欧盟对共同农业政策进行全面调整，分阶段降低玉米等农产品的价格支持水平，实施与面积挂钩的直接补贴政策。玉米直接补贴是以不同生产区玉米平均单产为基础给予的补贴，计算公式为玉米单位面积支付金额＝生产区玉米平均单产×玉米每吨补贴额。其中，玉米平均单产是以欧盟 1989—1991 年的单产数据为基础计算的；生产区玉米平均单产是由各成员国在保持国家平均单产的基础上，根据本国具体情况划分不同的生产区域后确定的各国生产区单产；每吨补贴额由欧盟确定，确定的基本思路是保证欧盟各种作物之间每公顷面积支付额基本相等。受不同生产区玉米单产差异的影响，玉米每公顷面积支付额也不同。2003 年，欧盟再次进行共同农业改革，取消了直接补贴方式，开始实行与生产完全脱钩的"单一区域补贴"与"单一补贴"。

（三）减少硝酸盐使用的补贴

硝酸盐是导致水域富营养化的主要原因。为减少硝酸盐的使用，欧盟在 1991 年颁布了《硝酸盐指令》，该指令的目的在于减少化肥施用量，进而减少来自农业部门的硝酸盐所造成的水资源污染。1996 年至今，欧盟在立法保障的基础上对在玉米等作物生产中减少使用硝酸盐的农户给予补贴。该补贴与现期种植面积挂钩，以对每公顷玉米减少的硝酸盐用量的付款为依据进行补贴。

三、巴西玉米收储政策

玉米是巴西重要的农作物，其产量和出口量均位居世界第三位。20 世纪 70 年代，巴西政府开始对玉米实行最低价格保证政策。该政策中的玉米最低保护价格由巴西生产资助委员会制定，农业部和国家货币委员会审议，经总统批准后，在农户播种 2 个月前以政令形式颁布。玉米最低价格保证政策包含两种支持手段：一是联邦政府直接购买（AGF），二是营销贷款（EGF）。其中，联邦政府直接购买，是指当玉米市场价格低于规定的最低保护价格时，农户将农产品直接卖给联邦政府；而营销贷款则是一种以玉米作为抵押品的贷款合同，通过该支持手段，农户可以在市场价格较低时先将玉米作为抵押品向政府申请低息贷款，贷款额度为玉米最低价格的 80%，待玉米市场价格回升后，再把产品投放到市场上去，并归还联邦政府贷款，如果在贷款期限内玉米价格仍未回升，可再直接把玉米卖给政府，并取得剩余 20% 的付款。该政策使农户避免了在玉米丰收时或消费缩减时因玉米市场价格下跌而遭受的损失。

1995 年以来，受财政压力和世界贸易组织（WTO）规则影响，巴西政府开始调整农业补贴政策，出台了产品售空计划和期权合约补贴两种新的价格支持政策，进而逐渐取代旧的价格支持政策。其中，产品售空计划，是指政府为鼓励加工企业或批发商去中西部地区以不低于参考价格的收购价格来收购玉米而给予加工企业和批发商的"差价"补贴，"差价"是政府制定的参考价格（政府规定的最低价格或期权合约中规定的价格）与市场价格间的差额。对玉米的期权合约补贴是一种价格保证制度，农户为获得一定时期以后的玉米期权价格，需先买保险，买了保险后，当到期玉米实际市场价格高于期权价格时，农户直接按市场价格出售玉米；否则，玉米虽仍由农户出售，但政府会把市场价格与期权价格之间的差额直接补给农户，这种补贴方式在保障农户收入的基础上减少了政府以直接保护价格收购形成的储备。至今，产品售空计划、期权合约补贴等价格支持政策仍是巴西在玉米等特定农产品上最主要的政策支持工具。

除价格支持外，信贷支持是近年来巴西在玉米等特定农产品上采取的又一重要的政策支持工具。该政策以农业信贷补贴为主，包括种植信贷、投资信贷等。其中，种植信贷可用于购买玉米种子等生产资料，投资信贷可用于购买与玉米生产相关的机械设备。同时，政府规定农业信贷为小规模农户提供的贷款利率要低于商业贷款利率。

四、国外玉米收储政策支持水平与支持结构

本书借助经济合作与发展组织（OECD）政策评估系统中单项产品生产

者转移（PSCT）和单项产品生产者转移百分比（%PSCT）对国外玉米主产国家和地区的玉米收储政策支持水平与结构进行分析。采用的数据均来自OECD数据库。因OECD从1995年才开始系统统计巴西的农业支持数据，为保证数据的完整性和准确性，以下仅采用1995年以来的统计数据进行分析。

（一）收储政策支持水平

单项产品生产者转移衡量了对某一种农产品支持的生产者收入转移水平；单项产品生产者转移百分比是某一种农产品获得的生产者补贴占该产品经营收入的比率，反映了某一种农产品经营收入中农业支持政策的作用。这两项指标的值越大，表明对某一种产品的支持程度越高，该产品经营收入中源自农业支持政策的比例越高。表2统计了1995—2020年美国、欧盟和巴西对玉米的政策支持水平。

表2 1995—2020年国外玉米主产国家和地区的玉米收储政策支持指标

年份	美国		欧盟		巴西	
	PSCT/10^6	%PSCT/%	PSCT/10^6	%PSCT/%	PSCT/10^6	%PSCT/%
1995	294.08	1.21	3460.02	45.43	311.96	6.36
1996	17.46	0.07	2415.22	27.75	492.54	9.58
1997	47.88	0.21	2336.90	31.57	423.82	10.25
1998	1775.10	8.57	2546.66	39.12	1112.95	27.03
1999	2641.95	13.34	2677.91	40.85	307.27	9.23
2000	2750.46	13.04	1771.47	30.64	962.46	25.48
2001	1464.01	7.25	1483.39	25.15	145.83	6.12
2002	907.60	4.18	1495.05	24.49	181.51	4.61
2003	308.81	1.25	2414.54	35.93	280.18	7.10
2004	2964.43	10.86	698.48	8.83	210.18	4.04
2005	4456.93	16.70	863.35	12.84	1039.96	20.52
2006	138.43	0.43	613.47	8.65	257.17	5.88

年份	美国		欧盟		巴西	
	PSCT/10^6	%PSCT/%	PSCT/10^6	%PSCT/%	PSCT/10^6	%PSCT/%
2007	−245.85	−0.45	2908.10	22.97	240.15	3.18
2008	2147.27	4.21	1.81	0.01	679.67	5.94
2009	2166.64	4.46	2.07	0.02	194.21	2.20
2010	1771.45	2.68	1.49	0.01	176.30	1.88
2011	2894.40	3.64	1.94	0.01	338.94	1.77
2012	2845.67	3.70	0.58	0	188.13	1.01
2013	2997.93	4.64	0.05	0	401.30	2.43
2014	2202.57	4.02	0.47	0	359.67	2.39
2015	2257.61	4.40	0	0	158.99	1.34
2016	2213.92	4.17	0.20	0	1266.35	10.22
2017	2161.85	4.22	0.11	0	216.70	1.63
2018	2097.52	3.88	0.12	0	24.26	0.19
2019	2367.10	4.65	1.11	0.01	65.49	0.55
2020	4666.78	7.11	1.11	0.01	453.39	2.95

数据来源：OECD 数据库。

从对玉米的补贴额（PSCT 值）来看，1995—2020 年，欧盟、巴西对玉米的补贴额总体呈波动下降趋势，而美国对玉米的补贴额总体呈波动上升态势。具体来看，欧盟对玉米的补贴额最低，1995 年以来，随着共同农业政策的不断改革，欧盟对农业的补贴方式逐渐由价格支持转变为与生产不挂钩的直接补贴，对玉米等农产品的特定补贴额不断减少，2020 年欧盟对玉米的补贴额为 111 万美元，而 1995 年为 34.60 亿美元。巴西农业支持政策多为非特定产品支持政策，以价格支持政策为主的特定产品支持政策较少，因此巴西对玉米的补贴水平一直以来相对较低，1995 年为 3.12 亿美元，2019 年下降至 0.65 亿美元，2020 年回升至 4.53 亿美元。美国对玉米的补贴水平可分为两个阶段：1995—2007 年，美国对玉米的补贴额相对较低，且波动幅度较大，该阶段玉米年平均补贴额为 13.48 亿美元；2008 年以来，美国对玉米的补贴额普遍提高且趋于稳定，该阶段玉米年平均补贴额提高至 46.67 亿美元，比上一阶段增长 87.15%。

从对玉米的补贴率（%PSCT 值）来看，1995—2020 年，美国、欧盟和巴西的玉米补贴率变化趋势与其玉米补贴额的变化趋势基本一致。具体来看，1995—2007 年，欧盟对玉米的补贴率相对较高，年平均补贴率为 27.25%，远高于同期美国（5.90%）、巴西（10.72%）对玉米的年平均补贴率；2008 年以来，欧盟对玉米的补贴率不断降低，且近年来趋近于 0，美国的玉米补贴率基本稳定在 4.00% 左右，巴西的玉米补贴率稳定在 2.00% 左右。

（二）收储政策支持结构

各个国家和地区对单项产品的农业生产者补贴主要通过市场价格支持（MPS）、基于产量的支持（PO）、基于投入品使用的支持（PI）、与产量挂钩的基于现期耕种面积/所得收益/收入总额的支持（PC）和与产量挂钩的基于非现期耕种面积/所得收益/收入总额的支持（PHR）5 种支持措施实现。因具体情况不同，各个国家和地区使用政策的侧重点亦不同。本书选取 1995—1997 年、2006—2008 年、2016—2020 年 3 个时间段，比较分析美国、欧盟、巴西的玉米收储政策支持结构及其变动。

除巴西外，美国和欧盟对玉米的政策支持均向与产量挂钩的基于现期耕种面积的支持转移。具体来看，美国对玉米的政策支持逐渐由以基于产量的支持为主转变为以与产量挂钩的基于现期耕种面积的支持为主。1995—1997 年，美国对玉米的政策支持中，基于产量的支持，与产量挂钩的基于现期耕种面积的支持所占比重分别为 58.61% 和 41.39%；2016—2020 年，美国玉米政策支持结构变动明显，基于产量的支持所占比重大幅下降至 2.41%，而与产量挂钩的基于现期耕种面积的支持所占比重提高至

97.59%，这表明近年来与现期耕种面积相挂钩的农作物保险补贴逐渐成为美国对玉米补贴的主要措施，而与交售量（抵押量）相关的营销援助贷款补贴的作用日益减弱。其原因可能在于营销援助贷款往往只能保障农户因玉米市场价格下跌产生的收入损失，与之相比，农作物保险补贴属于收入支持政策，能够同时保障农户因玉米市场价格下跌和玉米产量减少产生的收入损失。因此，农作物保险补贴越来越受到农户的青睐。

欧盟玉米收储政策支持结构多变，与产量挂钩的基于现期耕种面积的支持日益占据主导地位。1995—1997 年，欧盟对玉米的政策支持以市场价格支持和与产量挂钩的基于现期耕种面积的支持为主，所占比重分别为 48.21% 和 51.56%。之后，因国际粮食价格长期处于低位，欧盟边境贸易保护措施的实施使得市场价格支持在玉米政策支持中的作用凸显，2006—2008 年欧盟对玉米的政策支持中市场价格支持所占比重高达 99.95%。近年来，随着国际粮食价格回升，为减轻欧盟财政负担，使欧盟农业补贴政策进一步优化，对市场扭曲程度较高的市场价格支持措施逐渐取消，与产量挂钩的基于现期耕种面积的支持成为欧盟对玉米的唯一支持方式。

巴西对玉米的政策支持主要包括市场价格支持、基于产量的支持和基于投入品使用的支持 3 种，市场价格支持和基于投入品使用的支持在玉米政策支持中所占比重变化明显。其中，市场价格支持所占比重从 1995—1997 年的 4.16% 增长至 2016—2020 年的 73.46%，而基于投入品使用的支持所占比重则由 1995—1997 年的 89.33% 下跌至 17.49%。可见，市场价格支持逐渐成为巴西玉米补贴的主要方式。究其原因，可能因为巴西是农业生产大国，玉米是其主要的出口产品，为更好地调动农户种植玉米的积极性，促进玉米生产，巴西政府坚持实行更能保障农户收入的价格支持保护政策。不过，巴西对玉米的价格支持政策并不连续，每年会根据国内外玉米价格决定政策是否实施。

参考文献

一、中文文章

1. 白岩：《东北玉米国家临时收储政策实效浅析——以 2008/09 年度为例》，《农业经济》2009 年第 10 期。

2. 蔡荣、汪紫钰：《中国玉米生产的环境效率及其时空分异——兼论玉米临时收储政策的环境影响》，《农林经济管理学报》2019 年第 5 期。

3. 蔡颖萍、杜志雄：《玉米临时收储政策调整对家庭农场土地流转租金的影响分析》，《中国农村观察》2020 年第 3 期。

4. 曹慧、张玉梅、孙昊：《粮食最低收购价政策改革思路与影响分析》，《中国农村经济》2017 年第 11 期。

5. 陈叶盛：《我国玉米流通现状、问题及对策》，《经济研究参考》2013 年第 59 期。

6. 程国强：《我国粮价政策改革的逻辑与思路》，《农业经济问题》2016 年第 2 期。

7. 崔宁波、张正岩：《临储政策取消下玉米种植结构调整的影响因素与收入效应——基于黑龙江省镰刀弯地区调查数据的分析》，《商业研究》2017 年第 11 期。

8. 丁声俊：《玉米收储制度改革的进展及深化改革的措施》，《价格理论与实践》2017 年第 3 期。

9. 丁永潮、施海波、吕开宇：《玉米收储制度改革的农户政策响应研究——基于规模异质性的视角》，《干旱区资源与环境》2022 年第 3 期。

10. 樊琦、祁迪、李霜：《玉米临时收储制度的改革与转型研究》，《农业经济问题》2016 年第 8 期。

11. 范丹、魏佳朔、胡津京：《美国对玉米生产者的直接补贴实践与启示》，《世界农业》2019 年第 7 期。

12. 冯海发：《对建立我国粮食目标价格制度的思考》，《农业经济问题》2014 年第 8 期。

13. 符敏杰：《中美玉米期货与现货价格传递效应——基于临时收储政策的影响研究》，硕士学位论文，中南财经政法大学，2018 年。

14. 付宇、骆永民、潘旭文：《玉米收储制度改革对农户农业生产投资的影响》，《农村经济》2021 年 11 期。

15. 宫斌斌、郭庆海：《玉米收储政策改革对农村地租水平的影响——基于吉林省的分析》，《干旱区资源与环境》2021 年第 5 期。

16. 宫斌斌、郭庆海：《玉米收储政策改革与目标价格政策重估》，《世界农业》2022 年第 6 期。

17. 宫斌斌、杨宁、刘帅：《玉米生产者补贴政策实施效果及其完善》，《农业经济问题》2021 年第 10 期。

18. 顾莉丽、郭庆海、高璐：《我国玉米收储制度改革的效应及优化研究——对吉林省的个案调查》，《经济纵横》2018 年第 4 期。

19. 顾莉丽、郭庆海、胡志豪：《玉米临储价格取消的传导效应及应对建议——来自吉林省的实践分析》，《价格理论与实践》2016 年第 11 期。

20. 顾莉丽、郭庆海：《玉米收储政策改革及其效应分析》，《农业经济问题》2017 年第 7 期。

21. 顾莉丽：《玉米"价补分离"政策改变了农户的生产行为吗？》，《农村经济》2021 年第 2 期。

22. 郭丽、侯雯嘉、朱思柱：《临时收储政策对我国玉米供求影响的实证分析》，《中国畜牧杂志》2017 年第 3 期。

23. 郭庆海、宫斌斌：《21 世纪以来粮食收储政策演进、得失与改革完善》，《中州学刊》2022 年第 8 期。

24. 郭延景、肖海峰：《世界玉米主产国家和地区玉米补贴政策支持水平与结构特征》，《浙江农业学报》2020 年第 9 期。

25. 贾伟、秦富：《中国主要省份玉米价格的传导效应分析》，《华南农业大学学报（社会科学版）》2012 年第 2 期。

26. 亢霞、刘丹妮、张庆、董佳萍：《"去库存"背景下的玉米价格政策改革建议》，《价格理论与实践》2016 年第 1 期。

27. 柯炳生：《市场经济条件下农业政策目标的冲突与协调——兼论粮食生产、价格和农民收入的关系》，《农业经济问题》1993 年第 2 期。

28. 李光泗、郑毓盛：《粮食价格调控、制度成本与社会福利变化——基于两种价格政策的分析》，《农业经济问题》2014 年第 8 期。

29. 李娟娟、黎涵、沈淘淘：《玉米收储制度改革后出现的新问题与解决对策》，《经济纵横》2018 年第 4 期。

30. 李辛一、朱满德、姚志：《临时收储政策退出对玉米期货和现货价格发现功能的影响》，《中国农业大学学报》2021 年第 3 期。

31. 李秀双、余康：《临时收储政策改革背景下玉米盈利能力与生产率》，《玉米科学》2023 年第 3 期。

32. 廖进球、黄青青：《价格支持政策与粮食可持续发展能力：基于玉米临时收储政策的自然实验》，《改革》2019 年第 4 期。

33. 林光华、陈佳鑫：《国内外玉米价格传导效应研究——基于玉米临储政策改革背景下的分析》，《价格理论与实践》2018 年第 3 期。

34. 刘超、邢怀浩、朱满德：《收储制度改革与我国玉米市场格局的时空演变》，《价格理论与实践》2020 年第 5 期。

35. 刘璐琳：《后临储时代玉米产销价格联动性分析》，《农村经济》2018 年第 3 期。

36. 仇焕广、李新海、余嘉玲：《中国玉米产业：发展趋势与政策建议》，《农业经济问题》2021 年第 7 期。

37. 阮荣平、刘爽、刘力、郑风田：《玉米收储制度改革对家庭农场经营决策的影响——基于全国 1942 家家庭农场两期跟踪调查数据》，《中国农村观察》2020 年第 4 期。

38. 阮荣平、刘爽、郑风田：《新一轮收储制度改革导致玉米减产了吗：基于 DID 模型的分析》，《中国农村经济》2020 年第 1 期。

39. 宋亮、朱强：《玉米收储制度改革对粮食收获质量的影响——基于省级面板数据的分析》，《商业研究》2021 年第 1 期。

40. 王瑾：《玉米临时收储政策的改革、影响与思考》，《农业经济》2020 年第 1 期。

41. 王劲雨、陈盛伟：《后临储制度下玉米价格风险管控》，《华南农业大学学报（社会科学版）》2021 年第 1 期。

42. 王琴英、张燕萍：《玉米与小麦在饲用消费中的替代关系研究》，《现代农业科技》2017 年第 1 期。

43. 王庆、何倩、韩静波：《玉米临时收储改革前后市场格局演变》，《宏观经济管理》2022 年第 7 期。

44. 文春玲、田志宏：《我国玉米市场整合及区域间价格传导研究》，《价格理论与实践》2013 年第 11 期。

45. 吴海霞、葛岩：《粮食托市收购政策效应评估——以玉米临储政策为例》，《华中农业大学学报（社会科学版）》2016年第6期。

46. 吴硕：《中国粮食购销政策的演变及评价》，《中国农村观察》1995年第6期。

47. 吴小伟、肖舒苑：《乡村振兴战略下玉米价格支持政策效果评价及提升策略》，《学术交流》2022年第8期。

48. 吴学兵、乔娟：《临时收储政策对玉米产业的影响分析》，《中国畜牧杂志》2016年第6期。

49. 徐志刚、习银生、张世煌：《2008/2009年度国家玉米临时收储政策实施状况分析》，《农业经济问题》2010年第3期。

50. 许鹤、顾莉丽、刘帅、郎敏、隋丽莉：《价补分离政策下农户的玉米种植行为研究——基于吉林省宏观与微观数据分析》，《中国农业资源与区划》2021年第8期。

51. 许鹤、顾莉丽、刘帅：《收储制度改革下吉林省玉米产业发展研究》，《玉米科学》2021年第4期。

52. 许庆、杨青、章元：《农业补贴改革对粮食适度规模经营的影响》，《经济研究》2021年第8期。

53. 杨国蕾、孙天合、刘洁、李萌：《粮食购销市场化改革效果季节异质性研究——以玉米临时收储制度为例》，《经济与管理》2020年第3期。

54. 姚志、谢云：《玉米临时收储价格政策实施效果与改制原因分析》，《价格月刊》2016年第11期。

55. 叶兴庆：《改粮食保护价收购为直接补贴农民——我国农业保护政策的重大调整》，《中国农村经济》2002年第7期。

56. 张改清：《粮食最低收购价政策下农户储售粮行为响应及其收入效应》，《农业经济问题》2014年第7期。

57. 张俊峰、于冷：《玉米临储政策冲击与猪周期——基于MSVAR模型的分析》，《财经科学》2019年第6期。

58. 张俊峰：《玉米—生猪产业链价格传导机制研究——基于玉米临储政策的分析》，博士学位论文，上海交通大学安泰经济与管理学院，2019年。

59. 张磊、李冬艳：《玉米收储政策改革带来的新问题及其应对——以吉林省为例》，《中州学刊》2017年第7期。

60. 张晓山、刘长全：《粮食收储制度改革与去库存》，《农村经济》2017年第7期。

61. 张照新、徐雪高、彭超：《农业发展阶段转变背景下粮食价格支持政策的改革思路》，《北京工商大学学报（社会科学版）》2016年第4期。

62. 郑适：《玉米"三量齐增"与供给侧结构性改革政策研究》，《价格理论与实践》2016 年第 8 期。

63. 朱思睿、刘文明、李晨曦、刘帅：《玉米收储制度改革背景下吉林省农户生产经营困境及对策研究》，《玉米科学》2019 年第 5 期。

二、外文文章

1. Andrew P. Barkley，"Wheat Price Policy in Pakistan:a Welfare Economics Approach"，*The Pakistan Development Review*，Vol.31，no.4，1992.

2. Baffe s，J.，J. Meerman，"From Prices to Incomes: Agricultural Subsidization without Protection ？"，*World Bank Research Observer*，Vol.13，no.2，1998.

3. Gallagher，P.，"The Effectiveness of Price Support Policy—Some Evidence for U.S. Corn Acreage Response"，*Agricultural Economics Research*，Vol.30，no.4，1978.

4. Kim，K.，J. P. Chavas，"A Dynamic Analysis of the Effects of a Price Support Program on Price Dynamic and Price Volatility"，*Journal of Agricultural and Resource Economics*，Vol.27，no.2，2002.

5. Meijerink. G.，"India's Price Support Policies and Global Food Prices"，*International Trade and Food Security: the Future of Indian Agriculture*，no.4，2016.

责任编辑：陈晓燕　曹　利

图书在版编目（CIP）数据

国家玉米收储政策改革效应及其优化研究 / 顾莉丽著 . —北京：人民出版社，
　2023.12

ISBN 978－7－01－026225－3

Ⅰ.①国…　Ⅱ.①顾…　Ⅲ.①玉米—粮食储备—粮食政策—研究—中国

Ⅳ.① F326.11

中国国家版本馆 CIP 数据核字（2023）第 252955 号

国家玉米收储政策改革效应及其优化研究

GUOJIA YUMI SHOUCHU ZHENGCE GAIGE XIAOYING JI QI YOUHUA YANJIU

顾莉丽　著

人 民 出 版 社 出版发行

（100706　北京市东城区隆福寺街 99 号）

北京汇林印务有限公司印刷　新华书店经销

2023 年 12 月第 1 版　2023 年 12 月北京第 1 次印刷

开本：710 毫米 ×1000 毫米 1/16　印张：14.5

字数：200 千字

ISBN 978－7－01－026225－3　定价：46.00 元

邮购地址 100706　北京市东城区隆福寺街 99 号

人民东方图书销售中心　电话（010）65250042　65289539